基礎日本語文法

益岡隆志・田窪行則

第3版

Kurosio くろしお出版

まえがき

　近年、現代日本語に対する関心が高まるなかで、文法の問題がよく話題に取り上げられるようになってきました。大学等で日本語文法を対象とした科目やコースを設置するところも増えてきています。ところが、初学者向けに日本語文法を組織的に概説した書物は、意外に少ないようです。文法研究が急速な進展を示しているのとは対照的に、その成果をわかりやすく解説する作業は、今のところ、十分には進んでいないのが実情のようです。日本語文法の体系をわかりやすく概観した書物はないか、との初学者の要望に少しでも答えたいと思ったのが、本書を執筆することになったそもそもの動機です。

　本書は、現代日本語の文法を概説したものです。文法現象をわかりやすく整理したものです。「文法論」の書物ではありませんので、文法現象を支配する原理、原則はどのようなものか、といった文法の根本に関わる事柄は扱っていません。執筆に当たって特に心がけたことは、次の3点です。第1に、記述・説明をわかりやすいものにするように努めました。第2に、基礎的な文法事項と考えられるものは、できる限り網羅するように配慮しました。第3に、それらの事項をなるべく組織的・体系的に記述することを目指しました。少し欲張り過ぎたかもしれませんが、言わば、「わかりやすく、網羅的で、体系的に」を標語にしたわけです。

　本書をまとめるために、これまでに公刊された数多くの文献、学説のお世話になりました。記述・説明の仕方や術語の用い方においてこれらの説を直接取り入れた点も多数ありますが、概説書としての性格上、これらの点を具体的に明示することは、省かせていただきました。この点について、関係の方々にお詫び申し上げます。

　諸事情を考慮し、できるだけ早く仕上げることを第1に考えたために、十分な検討を加える余裕がありませんでした。将来、機会が与えられれば、よりよいものにしていきたい、と考えています。このことに関連して、読者の方々に申し上げておきたいことは、本書は1つの試作品に過ぎない、という点です。記述・説明をわかりやすいものにしようとして、便宜的扱いをした箇所も少なくありません。文法というものに対して、とかく絶対視する傾向があるようですので、この点を特にお断りしておきたいと思います。あえて言うなら、読者が本書を批判的に読むことで、自ら文法を柔軟に見る目を養っていくことこそを、著者は願っているのです。

　最後に、本書の出版についてお世話下さった岡野ゆみ子さん、福西敏宏さんと、索引作成を手伝って下さった中村文子さん、山中弘子さんに感謝の意を表したいと思います。

1989年7月

著者

改訂にあたって

　1989 年の秋に本書の初版を世に送りだしましたところ、幸いにも、多くの方々に好意的に迎えていただきました。日本語文法の概説書として多少は役割を果たすことができそうだとうれしく思ったことでした。

　それだけに、初版の記述・説明の仕方等について改善を必要とする点が明らかになるにつれて、著者たちは少しでも早く改訂版を作成したいと願うようになりました。この度、その願いがかなって、本書をお届けすることができました。

　改訂にあたっては、記述・説明の仕方や例の内容等、大幅に手を加えました。また、読者の方々から、本書を読んだ後に読むべき参考文献を示してほしいとのご要望をいただきましたので、入手しやすいものであるということを条件として、各章ごとにいくつかの参考文献を挙げてみました。不完全な文献リストではありますが、役立てていただければ幸いです。さらに、いくつかの練習問題を巻末に掲げました。あわせてご活用下さい。

　本改訂版の出版のために多くの時間と労力をつぎ込んで下さったくろしお出版の佐藤陽子さんと、索引作成を快く引き受けて下さった新川以智子さんに感謝の意を表します。

1992 年 2 月

著者

第3版の刊行にあたって

　本書の改訂版を 1992 年に刊行してから 30 数年が経過しましたが、幸いなことに、多くの読者に恵まれ版を重ねています。日本語文法の概説書として現在も一定の役割を果たしていることから、再度の改訂を行うことにしました。

　第3版の作成においても、"わかりやすく、網羅的で、体系的な日本語文法の概説書" を目指すという基本方針を維持し、部と章の構成も改訂版を踏襲しています。節については、II部6章の第5節とV部2章の第4節を新たに加えました。

　また、その後の知見に基づいて記述・説明に加筆修正を施すとともに、例文の差し替え・追加、用語の見直しを行いました。さらに、参考文献についても、改訂版の刊行以後に公刊された文献を追加し、アップデートしました。併せて、練習問題の補充も行いました。

　この度の改訂においては、その準備段階から刊行までの長期にわたり、くろしお出版の池上達昭さん、荻原典子さんに大変お世話になりました。また、準備段階では薮本祐子さんのご協力も得ました。記して謝意を表します。

　本書がこれからも日本語文法に関心を持つ方々のための有用な参考書となることを願ってやみません。

2024年2月

著者

目次

第Ⅰ部　序論：文の組み立て

　第Ⅰ部では、本篇である第Ⅱ、Ⅲ、Ⅳ、Ⅴ部に対する序論として、文の基本構造、品詞、単文・複文といった、文法の基本概念について説明する。

1節　文と語

1　私たちは言語を用いて相互の意志を伝達するわけであるが、言語表現の最も基本的な単位は「文」である。「文」は、あるまとまった内容を持ち、形の上で完結した（表記において「句点」が与えられる）単位である。文章や談話は、複数の文の有機的な組み合わせによって構成される。

2　文は、より小さな要素の結合により作り上げられる。文を構成する要素の中で最も基本的なものが「語」である。「語」は文を作るための最も重要な材料である。文の数（文として可能なものの数）が無限であるのに対して、その材料である語の数は有限である。私たちは、有限の単語を用いて、限りない数の文を作り出すことができるわけである。

2節　文について：文の基本構造

1　文の組み立ては、複雑かつ多様なものであるが、その骨格をなすものは、「述語」、「補足語」、「修飾語」、「主題」という4つの要素である。

2　文末の位置で文を支えるのが、「述語」である。「述語」は、文の中心的な要素であり、述語の内容によって文の大枠が決定される。それは、家屋を支える柱が家屋全体の形を決めるのに似ている。例えば、「太郎が重い荷物を軽々と運んだ。」という文では、文末の「運んだ」が述語であるが、「運んだ（運ぶ）」という述語は、特定の事態を表現し、文の骨格を定める働きを持つ。

　述語が表現する事態には、大別して、動き（動的事態）と状態（静的事態）がある。動きを表す述語を「動的述語」、状態を表す述語を「状態述語」と呼ぶ。先の例文の「運んだ」は、動的述語の例である。これに対して、例えば、「次郎は仕事で忙しい。」という文の述語である「忙しい」は、状態述語である。動きと状態の違いは、様々な文法現象に関係する。

3　述語が表す事態には、人やものが様々な形で関係する。例えば、「太郎が重い荷物を軽々と運んだ。」という文では、「運搬」の事態に「太郎」と「荷物」が関係することが表現されている。この文においては、「太郎

が」と「(重い)荷物を」は、「運搬」という事態が成り立つために必要となる、動きの主体と対象を表している。述語が表す意味を補う働きをする「太郎が」、「荷物を」のような要素を「補足語」と呼ぶ。

4　述語に関係する文の要素には、補足語の他に「修飾語」がある。「修飾語」とは、与えられた表現に情報を付加し、より精密な記述を与える働きをする文の要素である。先の例文では、「軽々と」という表現が、述語「運んだ」の修飾語として働いている。「軽々と」という表現によって、運搬の様子がより詳しく述べられることになる。修飾語には、さらに、名詞を修飾するものがある。先の例における「重い」は、名詞「荷物」の修飾語として働いている。述語の修飾と名詞の修飾を区別して表す場合には、それぞれ「連用修飾」、「連体修飾」という名称を用いる。

5　2で挙げた「次郎は仕事で忙しい。」という文は、「次郎」という人物を取り上げて、「仕事で忙しい」という説明を与えている。一般に、「Xは〜述語」の形の文は、Xに関する何らかの叙述である、と言うことができる。このような、「Xは」の形で文の叙述の対象を表す要素を「主題」と呼ぶ。主題の有無に基づいて、「次郎は仕事で忙しい。」のような「有題文」(主題を持つ文)と、「太郎が重い荷物を軽々と運んだ。」のような「無題文」(主題を持たない文)が区別される。日本語では、「有題文」と「無題文」の区別は非常に重要である。

　なお、多くの場合、主題になるのは、述語の補足語である。この場合、主題は述語の補足語を兼ねることになる。

6　文中の諸要素の並ぶ順序を「語順」という。「述語」、「補足語」、「修飾語」、「主題」の語順は、次の通りである。中心要素である述語は原則として、文末の位置を占め、主題は文頭に現れることが多い。補足語と連用修飾語は主題と述語の間に置かれる。補足語と連用修飾語の前後関係、補足語どうしの前後関係、連用修飾語どうしの前後関係は、比較的自由である。

　また、連体修飾語は、名詞の前の位置に置かれる。

3節　語について：品詞

1　語は文の材料であり、文を組み立てる上で一定の働きをする。この働きの違いによって語を種類分けしたものが「品詞」である。例えば、補足語や主題の中心になる役割を担う「荷物」や「仕事」のような語を「名詞」と呼び、単独で述語の働きをする「運ぶ」のような語を「動詞」と呼び、単独で述語になるという役割、及び、名詞を修飾するという役割を担う「重い」や「忙しい」のような語を「形容詞」と呼び、述語を修飾する働きをする「軽々と」のような語を「副詞」と呼ぶ。

2　品詞としては、「動詞」、「形容詞」、「判定詞」、「助動詞」、「名詞」、「指示詞」、「副詞」、「助詞」、「連体詞」、「接続詞」、「感動詞」の11種類が区別される。

4節　単文と複文

1　単一の述語を中心として構成された文を「単文」という。先に挙げた「太郎が重い荷物を軽々と運んだ。」、「次郎は仕事で忙しい。」のような文は、いずれも単文の例である。

2　これに対して、複数の述語からなる文を「複文」という。例えば、「太郎が重い荷物を軽々と運んだので、花子は驚いた。」という文は、「運んだ」、「驚いた」という2つの述語を含む複文である。

　複文を構成するところの、述語を中心とした各まとまりを、「節」と呼ぶ。先の例文では、「太郎が重い荷物を軽々と運んだので」と「花子は驚いた」が「節」である。

3　複文は複数の節で構成されるわけであるが、それらの中で、原則として、文末の述語を中心とした節が文全体をまとめる働きをする。この節を「主節」と呼ぶ。主節以外の節は、主節に対して特定の関係で結びつく。これらの節を一括して「接続節」と呼ぶ。先の例文について言えば、「花子は驚いた」と「太郎が重い荷物を軽々と運んだので」が、それぞれ主節と接続節に当たる。

接続節は、主節に対する関係の違いによって、「従属節」と「並列節」
　　に分けられる。

4　　「従属節」とは、主節に対して従属的な関係で結びつくものをいう。
　　「太郎が重い荷物を軽々と運んだので、花子は驚いた。」という文におけ
　　る接続節「太郎が重い荷物を軽々と運んだので」は、主節「花子は驚い
　　た」に対して従属的な関係にあり、「従属節」の例となる。

5　　これに対して、「並列節」とは、主節に対して対等に並ぶ関係（名詞の
　　場合であれば、例えば、「コーヒーと紅茶」における「コーヒー」の「紅
　　茶」に対する関係）で結びつくものをいう。例えば、「花子が詩を書き、
　　太郎が曲をつけた。」という文では、接続節である「花子が詩を書き」と、
　　主節である「太郎が曲をつけた」は、並列的な関係にある。したがって、
　　この文は並列節と主節からなる複文である、と見ることができる。

　　以下、まず第Ⅱ部で、語に関する文法的諸問題を扱う。次に第Ⅲ部と第
　Ⅳ部で文に関する問題を扱う。このうち、第Ⅲ部は単文の問題を、第Ⅳ部
　は複文の問題を、それぞれ取り上げる。最後に、第Ⅴ部で敬語とスタイル
　について考える。

　　なお、例の頭に「＊」の印、「?」の印が付いている場合は、その例が文
　法的に不適格であるということ、不適格ではないものの不自然であるとい
　うこと、をそれぞれ示している。

〈参考文献〉
グループ・ジャマシイ編『日本語文型辞典　改訂版』(2023、くろしお出版)
日本語記述文法研究会編『現代日本語文法』全7巻 (2003-2010、くろしお出版)
日本語文法学会編『日本語文法事典』(2014、大修館書店)

第II部　語

　第II部では、語に関する文法的諸問題を、品詞と語の構造という観点からまとめていくことにする。第1章では、導入の章として、品詞と語の構造に関する基本的事項を扱う。次に、第2章から第12章において、11種類の品詞を個別的に見ていくことにする。さらに、第13章で、語の構造との関係で重要な意味を持つ接辞の問題を取り上げる。最後に、補説として第14章を置く。

第1章　品詞と語の構造

1節　品詞

1　文中での働き（統語的機能）に基づいて語を分類したものを「品詞」という（Ⅰ部3節参照）。本書では、11種類の品詞を設ける。

2　品詞の名称とその規定は、次の通りである。

- ◆「動詞」（Ⅱ部2章参照）　単独で述語になる。
- ◆「形容詞」（Ⅱ部3章参照）　単独で述語になり、かつ、連体修飾語として働く。
- ◆「判定詞」（Ⅱ部4章参照）　名詞に接続して、述語を作る。
- ◆「助動詞」（Ⅱ部5章参照）　述語に接続して、複雑な述語を作る。
- ◆「名詞」（Ⅱ部6章参照）　主題や補足語の中心要素になる。
- ◆「副詞」（Ⅱ部8章参照）　連用修飾語として働く。
- ◆「助詞」（Ⅱ部9章参照）　名詞に接続して主題や補足語を作ったり、名詞と名詞、節と節を接続したりする。
- ◆「連体詞」（Ⅱ部10章参照）　連体修飾語として働く。
- ◆「接続詞」（Ⅱ部11章参照）　文と文を接続する。
- ◆「感動詞」（Ⅱ部12章参照）　単独で文になることができる。
- ◆「指示詞」（Ⅱ部7章参照）　現場や文脈における人やものを指し示す働きをする。
  - 〈注1〉　「指示詞」は、統語的機能に基づく分類にはなじまないものであるが、便宜上、1つの品詞として設けておくことにする。

2節　語の構造

1　語には、1つの要素だけからなるものと、複数の要素からなるものがある。複数の要素からなるものについては、1つの語の中でどのような要素がどのような関係で結合しているか、ということが問題となる。このような、語の構造の面から見て特に問題になるのは、「活用語」、「派生語」、「複合語」の3つである。

2　「活用語」とは、文中での働きの違いに応じて形を変える語、すなわち、語形変化する語をいう。例えば、「食べる」という語は、「食べろ」、「食べよう」、「食べれば」のような種々の形で用いられる。

　「派生語」とは、特定の語に別の要素が付加してできる語のことである。例えば、「寒（い）」に「さ」という要素が付くと、「寒さ」という語が派生する。

　「複合語」とは、複数の語が結合して一語となったものをいう。例えば、「勉強机」という語は、「勉強」、「机」という2つの語が結合してできた複合語である。

3節　活用語

1　語には、固定した形を持つものと、働きの違いに応じて形を変えるものがある。例えば、「まめ（豆）」という語は常に一定した形を持っているが、「食べる」という語は文中での働きの違いに対応して語形が変化する。働きの違いによって語形が変化することを「活用」といい、活用する語を「活用語」という。諸品詞の中で活用語に該当するのは、述語に関係する品詞である、動詞、形容詞、判定詞、助動詞、の4つである（本章1節2参照）。

2　活用語は原則として、変化しない部分と変化する部分からなる。変化しない部分を「活用語幹」、変化する部分を「活用語尾」という。活用語幹の部分は語の個別的意味を表し、活用語尾の部分は文中での働きのあり方を表す。例えば、「食べれば」という語形については、語幹である

「食べ」の部分が「食べる」という語の意味を表し、語尾である「れば」の部分が文中での働きを示す。

　「活用語幹＋活用語尾」の種々の形を「活用形」という。例えば、「食べれば」は、活用形の1つであり、本書では「基本条件形」と呼ぶ。活用形の詳細については、Ⅱ部2章3節、3章4節、4章2節、5章3節で述べる。

4節　派生語

1　ある語に要素が付加してできる語を派生語という。この付加要素を「接辞」という。また、接辞の付加を受ける、派生語の中心要素を「派生語基」という。「寒さ」という派生語の場合であれば、「寒」の部分が派生語基であり、「さ」が接辞である。

2　接辞は、現れる位置の違いによって、語基の前に付加する「接頭辞」と語基の後ろに付加する「接尾辞」に分かれる。「寒さ」における「さ」は、接尾辞の例である。これに対して、「ま冬」における「ま」は、接頭辞の例になる。

3　接辞がどの程度の数の語に付加できるかを、その接辞の「生産性」という。先に挙げた接辞の例で言えば、接尾辞「さ」は、多数の語に付加できるので、生産性が高く、接頭辞「ま」は、付加できる語が少数に限られるので、生産性が低い、ということになる。文法の観点からは、生産性の高い接辞の方が重要な意味を持つことになる。

4　派生語の文中での働きを決めるのは、原則として語の末尾の要素である。すなわち、派生語がどの品詞に属するかは、末尾の要素で決まる。したがって、接頭辞は一般に派生語の品詞のあり方に影響しないが、接尾辞は派生語の品詞を決める働きをする。例えば、接頭辞「ま」は品詞のあり方に影響しないが、接尾辞「さ」は派生語の品詞を名詞にする。接辞の詳細については、Ⅱ部13章で述べる。

5節　複合語

1　複合語は複数の語で構成された語のことをいうが、ここでは便宜上、
　記述の対象を2つの語からなる複合語に限定する。

2　複合には、並列的な性格のもの（例えば、「上がり下がり」）と、そうで
　ないもの（例えば、「上がり口」）とがある。後者の複合語においては一
　般に、後続する要素（「後項」と呼ぶ）が中心になり、先行する要素（「前
　項」と呼ぶ）がそれに従属する。中心要素である後項の要素は、接辞と
　同様に、生産性が問題になる（Ⅱ部2章4節参照）。

3　並列的な性格の複合語は前項、後項ともに、原則として名詞であり、
　複合語全体も名詞となる。一方、後項が中心要素になる複合語には主と
　して、名詞（例えば、「うれし涙」）、動詞（例えば、「腰掛ける」）、形容詞
　（例えば、「粘り強い」）がある。後者の複合語においては、中心要素であ
　る後項が複合語全体の品詞を決定することになる。

　　複合語のうち、「動詞＋動詞」の複合動詞（及び、それに準じる動詞）
　については、Ⅱ部2章4節で詳しく述べる。

〈参考文献〉
影山太郎『文法と語形成』1章（1993、ひつじ書房）
鈴木重幸『日本語文法・形態論』2部序説（1972、麦書房）
鈴木泰「文の構成単位と品詞」北原保雄編『講座日本語と日本語教育4巻　日本語の文
　　法・文体（上）』（1989、明治書院）
寺村秀夫『日本語のシンタクスと意味Ⅰ』1章（1982、くろしお出版）
仁田義雄「単語と単語の類別」仁田義雄・益岡隆志編『日本語の文法1』（2000、岩波書
　　店）
村木新次郎『日本語の品詞体系とその周辺』1部（2012、ひつじ書房）

第 2 章　動詞

1節　基本的性格

　動詞の基本的な性格は、単独で述語の働きをし、文中での働きの違い
に応じて活用することである。

2節　分類

　動詞は様々な観点から分類することができるが、ここでは、特に重要
であると考えられる「動的動詞」・「状態動詞」、「自動詞」・「他動詞」、
「意志動詞」・「無意志動詞」、という3種類の分類を掲げる。

1　述語が表現する事態は動きと状態に分けられる（Ⅰ部2節2参照）。動
　詞は大部分が「歩く」、「倒れる」、「倒す」、「話す」のように、動きを表
　す。このような動詞を「動的動詞」と呼ぶ。これに対して、少数ではあ
　るが、状態を表す動詞も存在する。このような動詞を「状態動詞」と呼
　ぶ。状態動詞には、存在・所有の意味を表す「ある」、「いる」、可能の意
　味が関わる「できる」、必要の意味を表す「要る」、関係概念を表す「異
　なる」、「違う」、等がある（Ⅲ部1章2節2参照）。

2　動的動詞には、「自動詞」と「他動詞」が区別される。「新聞を読む」
　における「読む」や、「車を止める」における「止める」のような、「名
　詞＋ヲ」という形式の補足語（Ⅰ部2節、Ⅲ部1章2節参照）を取る動詞
　を「他動詞」という。一方、「人が働く」における「働く」や、「車が止
　まる」における「止まる」のような、「名詞＋ヲ」という補足語を取らな
　い動詞を「自動詞」という。

　動的動詞の中には、「止まる」と「止める」のように、意味的に対応する（「車が止まる」と「車を止める」のような関係にある）自動詞と他動詞の対が数多く存在する。このような対は、たいていの場合、形の上で共通部分を持つ。

　(1)　「輪が回る」と「輪を回す」

　(2)　「人が集まる」と「人を集める」

　(3)　「木が倒れる」と「木を倒す」

「ひらく（開く）」（「戸がひらく」と「戸をひらく」）のように、同じ形で自動詞と他動詞の両方に使えるものは、まれである。

　なお、状態動詞は基本的に自動詞である。

〈注1〉　自動詞と他動詞の対応が複雑な、「終わる」・「終える」のような例がある。この場合、「終わる」と「終える」が自動詞・他動詞の対応を示すだけでなく、「終わる」は、他動詞としても用いることができる。

　　　　（イ）「授業が終わる」と「授業を終える」

　　　　（ロ）「授業を終わる」

〈注2〉　他動詞の表現の中には、主体から出た動きが主体に戻って来るという事態を表すものがある。このような表現を「再帰表現」という。再帰表現は、意味的には自動詞の表現に近い。

　　　　（イ）　花子は赤いコートを着た。

　　　　（ロ）　太郎は手を洗った。

3　動的動詞については、自動詞・他動詞とは別に、「意志動詞」と「無意志動詞」が区別される。人の意志的動作を表す「歩く」、「読む」、「考える」のような動詞を「意志動詞」、そうでない、「倒れる」、「老いる」、「失う」のような動詞を「無意志動詞」という。人の意志が関わる、命令・禁止、依頼、勧誘、等の表現には意志動詞だけが現れる（Ⅲ部6章参照）。

　(4)　もっとゆっくり歩いて下さい。

　(5)　いっしょに考えよう。

　1つの動詞が意志動詞と無意志動詞の両方に使えることは珍しくない。例えば、「忘れる」は (6) では意志動詞として、(7) では無意志動詞として用いられている。

(6)　　いやなことは早く忘れなさい。

(7)　　その人の名前を忘れてしまった。

　また、普通は意志動詞として用いられるものが無意志動詞として用いられ (例えば、(8))、逆に、普通は無意志動詞として用いられるものが意志動詞として用いられる (例えば、(9)) 場合もある。この場合、意志の有無を表す、「うっかり」、「わざと」のような副詞 (II部8章2節2参照)、「～てしまう」のような形式がよく用いられる。

(8)　　太郎は貴重品をうっかり捨ててしまった。

(9)　　花子はゴールの前でわざと転んだ。

　なお、状態動詞は基本的に無意志動詞として用いられるが、存在を表す「いる」は (10) のように、意志動詞となる場合もある。

(10)　　もうしばらく、そこにいなさい。

〈注3〉　意志動詞と無意志動詞の対立は、「する」と「なる」の対立に最も典型的に現れる。

3節　活用

1　　動詞の活用の語幹 (II部1章3節参照) には、子音で終わるものと母音で終わるものがある。語幹が子音で終わる動詞を「子音動詞」、母音で終わる動詞を「母音動詞」と呼ぶ。例えば、「飲む」は語幹が 'nom' または 'non' となる子音動詞であり、「食べる」は語幹が 'tabe' となる母音動詞である。母音動詞には、「食べる」のように語幹が 'e' という母音で終わるものと、「起きる」のように語幹が 'i' で終わるものとがある。

〈注4〉　子音動詞と母音動詞は、学校文法等での「5段活用」の動詞、「1段活用」の動詞に相当する。

2　　子音動詞の語幹は、結合する活用語尾 (II部1章3節参照) の違いに応

じて、2 種類の形を持つ。これらを、「基本系語幹」、「タ系語幹」と呼ぶ。

　子音動詞の基本系語幹は、語幹の末尾に現れる子音の違いで分けると、次の 9 種類になる。

◆ 's' で終わるもの（例えば、「貸す」の語幹は 'kas'）

◆ 'k' で終わるもの（例えば、「咲く」の語幹は 'sak'）

◆ 'g' で終わるもの（例えば、「研ぐ」の語幹は 'tog'）

◆ 'm' で終わるもの（例えば、「飲む」の語幹は 'nom'）

◆ 'n' で終わるもの（例えば、「死ぬ」の語幹は 'sin'）

◆ 'b' で終わるもの（例えば、「飛ぶ」の語幹は 'tob'）

◆ 't' で終わるもの（例えば、「待つ」の語幹は 'mat'）

◆ 'r' で終わるもの（例えば、「取る」の語幹は 'tor'）

◆ 'w' で終わるもの（例えば、「買う」の語幹は 'kaw'）

　一方、子音動詞のタ系語幹は、次の通りである。

◆ 基本系語幹が 's' で終わるもののタ系語幹は、'si' で終わる。（例えば、「貸す」のタ系語幹は 'kasi'）

◆ 基本系語幹が 'k'、'g' で終わるもののタ系語幹は、'k' と 'g' が現れないで 'i' で終わる。（例えば、「咲く」と「研ぐ」のタ系語幹は 'sai' と 'toi'）

◆ 基本系語幹が 'm'、'n'、'b' で終わるもののタ系語幹は、'n' で終わる。（例えば、「飲む」、「死ぬ」、「飛ぶ」のタ系語幹は、'non'、'sin'、'ton'）

◆ 基本系語幹が 't'、'r'、'w' で終わるもののタ系語幹は、't' で終わる。（例えば、「待つ」、「取る」、「買う」のタ系語幹は 'mat'、'tot'、'kat'）

3　活用語尾は、子音動詞の語幹との結合の仕方によって「基本系語尾」と「タ系語尾」に分けることができる。すなわち、子音動詞については、基本系語幹は基本系語尾と、タ系語幹はタ系語尾と、それぞれ結合する。母音動詞も含めた活用語尾の全体の体系は、次の通りである。（基本系語尾については、「／」の前に示した形が子音動詞の語尾を表し、「／」の後ろに示した形が母音動詞の語尾を表す。したがって、例えば、「飲む」と「食べる」の基本条件形はそれぞれ 'nom + eba'、'tabe + reba'

となる。また、タ系語尾の先頭の'tʼ'は、基本系語幹が'gʼ'、'mʼ'、'nʼ'、'bʼ'で終わる子音動詞のタ系語幹に後続する場合には'dʼ'と交替する。したがって、例えば、「研ぐ」の「タ形」は'toiʼ + 'daʼ'となり、「飲む」の「テ形」は'nonʼ + 'deʼ'となる。)

基本系語尾	タ系語尾
基本形　'uʼ／'ruʼ'	タ形　'taʼ'（'daʼ'）
命令形　'eʼ／'roʼ'	
意志形　'ooʼ／'yooʼ'	
基本条件形　'ebaʼ／'rebaʼ'	タ系条件形　'taraʼ'（'daraʼ'）
基本連用形（連用形）　'iʼ／ゼロ	タ系連用形（テ形、タリ形） 'teʼ'（'deʼ'）、'tariʼ'（'dariʼ'）

〈注5〉　これらのうち、「命令形」、「意志形」、「基本条件形・タ系条件形」は、それぞれ命令、意志、条件の表現で用いられる（Ⅲ部6章、Ⅳ部2章5節参照）。また、「基本連用形・タ系連用形」は、並列の表現（Ⅳ部4章参照）や述語を修飾する表現（Ⅲ部3章参照）で用いられる。

4　「する」と「来る」は、活用の仕方が不規則である。すなわち、それぞれ、基本形は「する」と「くる」、命令形は「しろ」（硬い文章体では、「せよ」）と「こい」、意志形は「しよう」と「こよう」、基本条件形は「すれば」と「くれば」、連用形は「し」と「き」、タ形は「した」と「きた」、タ形条件形は「したら」と「きたら」、テ形は「して」と「きて」、タリ形は「したり」と「きたり」となる。

4節　複合動詞

1　ある動詞（前項）に別の動詞（後項）を付けて複合的な動詞を作ることができる。これを「複合動詞」と呼ぶ（Ⅱ部1章5節参照）。複合動詞には、「持ち上げる」のように前項に連用形が現れるものと、「持って来る」のようにテ形が現れるものがある。前者を「連用形複合動詞」、後者を「テ形複合動詞」と呼ぶ。

〈注6〉　テ形複合動詞は、他の文法書では「動詞＋補助動詞」として扱われること
　　　　もある。

2　複合動詞は、また、前項が動詞としての性質を保持しているものと、
動詞としての性質を一部または全部失っているものに分けることができ
る。前者は前項に種々の動詞を取ることができ、また、前項が受動形、
使役形、等様々な形式を取ることができる。

　（11）　最近、また、この種の小説が読まれはじめた。

　これに対して、後者は前項に現れる動詞が限られ、また、前項が受動
形等を取ることもない。

　これら2つの型の複合動詞を、それぞれ「統語的複合動詞」、「語彙的
複合動詞」と呼ぶ。

　テ形複合動詞は原則として統語的複合動詞である。一方、連用形複合
動詞には統語的なものと語彙的なものの両方がある。

　また、同じ動詞が統語的複合動詞、語彙的複合動詞の両方に使われる
場合がある。例えば、「だす」は、開始を表す用法では統語的複合動詞を
構成し、「外に出す／出る」という意味を表す用法では語彙的複合動詞
を構成する。

　（12）　最近、また、この種の小説が読まれだした。
　（13）　鈴木さんは鞄から書類を取り出した。

〈注7〉　統語的複合動詞の前項は、補足語や修飾語を取って節的な要素となり、後
　　　　項の動詞の補足節として働くと見ることができる。ただし、この補足節はモ
　　　　ダリティ、テンスを含むことができない（IV部1章1節参照）。

3　テ形複合動詞には、次のようなものがある。

◆アスペクトに関係するもの：「〜ている、〜てある、〜てしまう、〜
　ていく、〜てくる」（III部5章6節参照）

◆授受に関係するもの：「〜てもらう、〜ていただく、〜てくれる、〜
　て下さる、〜てあげる、〜てやる、〜てさしあげる」（III部2章2節参
　照）

◆その他：「〜ておく、〜てみる、〜てみせる」

　〈注8〉　「〜ておく」は、ある目的のために準備としてある動作を行うことを表す。

　　　　（イ）　友達が遊びに来るので、ビールを冷やしておいた。

　　　　「〜てみる」は、動作を行って、その結果によっていろいろな判断をすることを表す。

　　　　（ロ）　この肉少し食べてみたけれど、味がおかしいよ。

　　　　「〜てみせる」は、ある目的のためにある動作を他の人に見せることを表す。

　　　　（ハ）　この機械の動かし方がよく分からないんだけれど、ちょっと動かしてみせてくれないか。

4　連用形複合動詞には、統語的なものと語彙的なものがある。このうち、統語的な連用形複合動詞には次のようなものがある。

◆アスペクトに関係するもの：「〜はじめる、〜だす、〜かける、〜つづける、〜おわる、〜おえる、〜やむ、〜あがる、〜あげる」（Ⅲ部5章6節参照）

◆完遂の意味を表すもの：「〜つくす、〜ぬく、〜とおす、〜きる」

　（14）　この問題はもう研究しつくされている。

◆不遂行の意味を表すもの：「〜忘れる、〜そこなう、〜損じる、〜そびれる、〜しぶる、〜かねる、〜おとす」

　（15）　書類に日付を記入し忘れた。

◆その他：「〜あう（Ⅲ部2章4節参照）、〜なおす、〜かえす、〜つける（習慣の意味）」

　〈注9〉　「〜かねる」は、「〜ことができない、〜ことが困難だ」という意味を表すが、否定形の「〜かねない」は、恐れがある（悪いことが起きる可能性がある）という意味を表す。

　　　　（イ）　こんな時期にアルプスに登ったら、遭難しかねない。

5　連用形複合動詞には、語彙的なものも多数存在する。この種の語彙的複合動詞は、前項が動作の様態や手段を表し、後項が動作の結果や動作

の向かう方向を表す場合が多い。そのような構成をしている語彙的複合動詞の例として、「なぐりたおす、持ち上げる、はたき落とす、押し出す、こじ開ける、よじ登る、連れ戻す」のようなものが挙げられる。

(16)　家出した娘を連れ戻した。

6　複合動詞の中には、後項が動詞としての性質を全く失い、接尾辞的になってしまったものもある（II部1章4節参照）。これには、「〜こむ」（例えば、(17) 〜 (19)）、「〜かかる」（例えば、「飛びかかる」、「つかみかかる」、「通りかかる」）、「〜かける」（例えば、「呼びかける」、「話しかける」、「押しかける」）、「〜つく」（例えば、「飛びつく」、「すがりつく」）、「〜つける」（例えば、「呼びつける」、「はねつける」、「痛めつける」）、「〜かえる」（例えば、「しょげかえる」、「あきれかえる」、「静まりかえる」）のように、様々な用法を持ち生産性の高いものと、「ほめそやす」の「〜そやす」、「眠りこける」の「〜こける」のように生産性の低いものとがある。

(17)　思いがけない大金が転がりこんだ。

(18)　衣類をバッグに押しこんだ。

(19)　その話を聞いて、私は考えこんだ。

また、「ぶん回す」の「ぶん」、「ぶち切れる」の「ぶち」のように複合動詞前項が接頭辞化したり、「よじ登る」の「よじ」のように既に独立した動詞として使われなくなったものもある。

5節　借用動詞

1　実質的な意味を表さず動詞としての性質だけを持ったものを「形式動詞」と呼ぶ。形式動詞は「する」と「ある」で代表される（III部8章7節3参照）。「する」は動きを表し、「ある」は状態を表す（I部2節2参照）。

2　漢語や洋語（外来語）は通常、名詞として日本語に入って来る。したがって、漢語や洋語を動詞として使うためには、形式動詞「する」を付ける必要がある。「研究する」、「旅行する」、「オープンする」、「スター

トする」、等がその例である。さらに、それほど生産的ではないが、「サボる」、「ダブる」のように、「る」を付ける場合もある。この場合、'～r'を語幹とする子音動詞となる。これらを借用動詞と呼ぶ。

　　〈注10〉　和語（大和言葉）にも、「買物する」のように、「名詞＋「する」」の形式を持つ動詞がある。

3　　和語の動詞では、対応する自動詞と他動詞は、原則として異なった形で表される（本章2節2参照）。しかし、借用動詞はこのような形の区別を持たず、個々の語（または語の意味・用法）によって、自動詞になるか他動詞になるかが決まっている。

　　（20）　会社側の態度が軟化した。（「軟化する」は自動詞）

　　（21）　この小説を映画化するのには、30億円はかかる。
　　　　　　（「映画化する」は他動詞）

　　（22）　店が／をオープンする。
　　　　　　（「オープンする」は自動詞、他動詞兼用）

4　　借用動詞中の名詞の部分は、「研究をする」、「旅行をする」のように「を」を伴って動詞から独立することができる。この場合、「日本語を研究する」は、「日本語の研究をする」という形を取り、「日本語を研究をする」のように、ヲ格（Ⅲ部1章2節3参照）を重ねた言い方はできない。

〈参考文献〉

影山太郎『動詞意味論』（1996、くろしお出版）

久野暲『日本文法研究』9章（1973、大修館書店）

須賀一好・早津美恵子編『動詞の自他』（1995、ひつじ書房）

鈴木重幸『日本語文法・形態論』6章〜11章（1972、麦書房）

高橋太郎『動詞九章』（2003、ひつじ書房）

田窪行則「−化」『日本語学』5巻3号（1986）

姫野昌子『新版複合動詞の構造と意味用法』（2018、研究社）

三原健一・仁田義雄編『活用論の前線』（2012、くろしお出版）

村木新次郎『日本語動詞の諸相』1部（1991、ひつじ書房）

森山卓郎『日本語動詞述語文の研究』（1988、明治書院）

第 3 章　形容詞

1節　基本的性格

　　形容詞は、何らかの状態を表し、述語の働き（例 (1)）と名詞の修飾語の働き（例 (2)）をする。また、文中での働きの違いに応じて活用する。

　　(1)　　この地域は寒い。

　　(2)　　寒い地域

2節　属性形容詞と感情形容詞

1　　形容詞が表す状態には、人やものの属性（性質や特徴）の場合と、人の感情・感覚の場合がある。「強い」、「長い」、「勤勉だ」、「穏やかだ」、等は属性を表し、「ほしい」、「なつかしい」、「かゆい」、「いやだ」、等は感情・感覚を表す。これらの形容詞を、それぞれ「属性形容詞」、「感情形容詞」という。

　　(3)　　日本人は勤勉だ。（属性形容詞）

　　(4)　　私は車がほしい。（感情形容詞）

2　　感情形容詞は、人の内面の状態を表す点で主観性の強い表現である。したがって、感情形容詞を述語とする文の主体は普通、1人称（疑問文では、2人称）である（Ⅲ部2章3節2参照）。

　　(5)　　あなたは車がほしいですか。

　　(6)　　?太郎は車がほしい。

　　〈注1〉　　感情形容詞の中にも、「好きだ」、「嫌いだ」のように、主体が1人称以外であってもよいものもある。

　　　　　（イ）　太郎は花子が好きだ。

3　　感情形容詞は、場合によっては属性形容詞として用いられることがある。この場合、人の感情・感覚を引き起こすものの属性が問題にされる。

　　　（7）　水虫はかゆい。

　　　（8）　猛獣はこわい。

3節　イ形容詞とナ形容詞

　　　形容詞を形態の面から分類すると、「寒い」、「強い」、「ほしい」のように、名詞を修飾する場合に「～い」という形で表される（例えば、「寒い地域」）ものと、「勤勉だ」、「穏やかだ」、「いやだ」のように、名詞を修飾する場合に「～な」という形で表される（例えば、「勤勉な人」）ものに分かれる。これらを、それぞれ「イ形容詞」、「ナ形容詞」と呼ぶ。

　　〈注2〉　「イ形容詞」と「ナ形容詞」は、学校文法等での「形容詞」と「形容動詞」にそれぞれ相当する。「形容動詞」という名称は「動詞」を想起させるため、本書では採用しない。

　　〈注3〉　借用動詞（前章5節参照）と同様に、「危険だ」、「幸福だ」、「優秀だ」、「ユニークだ」、「ハードだ」、「クールだ」のような借用のナ形容詞が多数存在する。特に、ナ形容詞における漢語形容詞の比重は高い。

4節　活用

1　　形容詞の語幹は、イ形容詞とナ形容詞について、それぞれ1つしかない。すなわち、イ形容詞は、基本的な形から「い」を除いたものが語幹である。例えば、「寒い」の語幹は「寒」である。ナ形容詞は、基本的な形から「だ」を除いたものが語幹である。例えば、「穏やかだ」の語幹は「穏やか」である。

2　　活用語尾の体系は、次の通りである。はじめに、イ形容詞について示す。動詞の場合と同様に、基本系語尾とタ系語尾に分けて掲げる。

基本系語尾	タ系語尾
基本形 ‘i’	タ形 ‘katta’
基本条件形 ‘kereba’	タ系条件形 ‘kattara’
基本連用形（連用形）‘ku’	タ系連用形（テ形、タリ形） ‘kute’, ‘kattari’

〈注4〉　上記以外の語尾として、「推量形」とでも呼ぶべき‘karoo’（例えば、「寒かろう」）という語尾がある。

　次に、ナ形容詞について示す。ナ形容詞には、文体の違いに応じて、「だ」（普通の文体）、「である」（硬い文章体）、「です」（丁寧な文体）、という3つの系列がある。

「だ」の系列

基本系語尾	タ系語尾
基本形 ‘da’	タ形 ‘datta’
	タ系条件形 ‘dattara’
基本連用形（連用形）‘ni’	タ系連用形（テ形、タリ形） ‘de’, ‘dattari’
連体形 ‘na’	

〈注5〉　「連体形」は、名詞を修飾する表現（連体修飾）で用いられる。なお、基本条件形の語尾‘nara’を設定した方が整合的であるが、本書では便宜的に、「なら」の形式は接続助詞として一括する（Ⅱ部4章3節、9章5節3参照）。

「である」の系列

基本系語尾	タ系語尾
基本形 ‘dearu’	タ形 ‘deatta’
基本条件形 ‘deareba’	タ系条件形 ‘deattara’
基本連用形（連用形） ‘deari’	タ系連用形（テ形、タリ形） ‘deatte’, ‘deattari’

「です」の系列

基本系語尾	タ系語尾
基本形 ‘desu’	タ形 ‘desita’
	タ系条件形 ‘desitara’
	タ系連用形（テ形、タリ形） ‘desite’, ‘desitari’

〈参考文献〉

鈴木重幸『日本語文法・形態論』13章・14章（1972、麦書房）

寺村秀夫『日本語のシンタクスと意味 I』2章（1982、くろしお出版）

永野賢「用言論における形容詞：動詞と形容詞・形容詞と形容動詞」『日本語学』4巻3号（1985）

細川英雄「現代日本語の形容詞分類」『国語学』158集（1989）

村木新次郎『日本語の品詞体系とその周辺』2部（2012、ひつじ書房）

八亀裕美『日本語形容詞の記述的研究』（2008、明治書院）

第4章　判定詞

1節　基本的性格

　動詞と形容詞が単独で述語になるのに対して、名詞は単独では述語に
なれない。名詞と結合して述語を作るのが「判定詞」である。判定詞に
は、文体の違いに対応して、「だ」、「である」、「です」の3つの系列があ
る（II部3章4節2参照）。これらは、いずれも文中での働きの違いに応
じて活用する。

　〈注1〉　判定詞は、学校文法等では助動詞として扱われるが、本書では、名詞と結
　　　　　合して述語を作る点を重視し、助動詞とはみなさない。

2節　活用

1　判定詞の活用の体系は、次の通りである。「だ」、「である」、「です」の
　系列別に、活用の形態を示す（ナ形容詞の活用を参照のこと）。

「だ」の系列

基本系形態	タ系形態
基本形　'da'	タ形　'datta'
	タ系条件形　'dattara'
基本連用形（連用形）　'ni'	タ系連用形（テ形、タリ形） 'de', 'dattari'
連体形　'no'（または、'na'）	

　〈注2〉　ナ形容詞と同様、基本条件形'nara'は設定せず、便宜的に接続助詞「なら」
　　　　　として一括する。

「である」の系列

基本系形態	夕系形態
基本形　'dearu'	夕形　'deatta'
基本条件形　'deareba'	夕系条件形　'deattara'
基本連用形（連用形）　'deari'	夕系連用形（テ形、タリ形） 'deatte', 'deattari'

「です」の系列

基本系形態	夕系形態
基本形　'desu'	夕形　'desita'
	夕系条件形　'desitara'
	夕系連用形（テ形、タリ形） 'desite', 'desitari'

2　判定詞「だ」の連体形は「の」であり、名詞と名詞を接続する助詞である「の」（Ⅱ部9章5節3、Ⅲ部9章1節参照）と形が同じになる。「太郎の本」や「花子の到着」のような表現における「の」は助詞の「の」であるが、次のような例における「の」は判定詞の連体形と見ることができる。判定詞の連体形の場合は、「である」、「であった」、「だった」、等と交替できる。

 （1）　私が子供の／であった／だった頃

 （2）　英文学者で作家の／であるA氏

 また、判定詞の連体形は、後続要素が「のだ」、「ので」、「のに」のように、「の」で始まる場合には、ナ形容詞と同じく「な」という形で表される。

 （3）　太郎はまだ子供なのだ。

 （4）　次郎は、まだ学生なのに、多額の収入を得ている。

 （5）　日本人は勤勉なのだ。（ナ形容詞）

3節　判定詞の基本形が現れることができない場合

1　「だ」の基本形'da'は次のような場合、現れることができない。

◆ 助動詞「だろう」、「らしい」、「みたいだ」（Ⅱ部 5 章 2 節参照）が後続する場合

(6)　あの人は留学生らしい。

◆ 終助詞「か」、「かい」、「かな」、「かしら」、「さ」、等（Ⅱ部 9 章 6 節参照）が後続する場合

(7)　それは本当の話か。

〈注 3〉　疑問を表す語（Ⅱ部 7 章 3 節参照）が直前にある場合には、'da'が現れてもよい。

(イ)　あの人は誰（だ）か知らない。

(ロ)　何が何（だ）か分からない。

◆ 接続助詞「なら」（Ⅱ部 9 章 5 節 3 参照）が後続する場合

(8)　それが本当の話なら、何か対策を考えなければならない。

2　「です」の基本形'desu'についても、同じことが言える。ただし、終助詞「か」が後続する場合は、この限りではない。

(9)　それは本当の話ですか。

これに対して、「である」の基本形'dearu'は、1 で述べた条件の下でも、原則として表面に現れる。

(10)　あの人は留学生であるらしい。

(11)　それが本当の話であるなら、何か対策を考えなければならない。

3　ナ形容詞の基本形の語尾'da'、'desu'、'dearu'についても、判定詞の場合と同じことが言える。

(12)　日本人は勤勉らしい。

(13)　その人が有能なら、問題をうまく解決するはずだ。

(14)　その人が有能であるなら、問題をうまく解決するはずだ。

4節　名詞述語の機能

1　「XはYだ。」という、「名詞＋判定詞」を述語とする文において、Xと
　Yの関係には、主として3つの場合がある。すなわち、（15）の例のよう
　に、Yが指し示す集合にXが属する場合、（16）の例のように、XとYが
　同一のものを指し示す場合、（17）の例のように、XとYの間に直接的
　な論理関係が存在しない場合、の3つである。

　　（15）　源氏物語は平安時代の作品だ。

　　（16）　紫式部は源氏物語の作者だ。

　　（17）　私は源氏物語だ。

　　〈注4〉　（16）はXとYを入れ替えることができる。

　　　　（イ）　源氏物語の作者は紫式部だ。

　　　　（イ）は「源氏物語の作者は誰かと言うと、（それは）紫式部だ」という意
　　　味を表し、「指定文」と呼ばれる。

　　〈注5〉　借用動詞（Ⅱ部2章5節参照）中の名詞の部分が判定詞と結合して述語を構
　　　成することもある。

　　　　（イ）　今の仕事はもうすぐ完成だ。

　　　　（ロ）　この店はあすオープンだ。

2　（17）の文は、発話の場面が与えられなければ、意味が確定しない。例
　えば、好きな文学作品が話題になっている場面では、「私は源氏物語が
　好きだ。」ということを意味し、レポートに何を書くかが問題になってい
　る場面では、「私はレポートに源氏物語のことを書く。」ということを意
　味する。このように、（17）のような文は、場面の情報に依存することに
　よって、極めて効率的な表現になることができるわけである。

　　〈注6〉　この種の「〜だ」の「〜」の部分には、名詞以外の表現も現れ得る。

　　　　（イ）　これは、花子さんからです。

　　　　（ロ）　太郎もゆっくりだ。

〈参考文献〉

奥津敬一郎『「ボクハウナギダ」の文法』(1978、くろしお出版)

高橋太郎「名詞述語文における主語と述語の意味的な関係」『日本語学』3巻12号
　　(1984)

高橋太郎『動詞九章』(2003、ひつじ書房)

西山佑司『日本語名詞句の意味論と語用論：指示的名詞句と非指示的名詞句』2章・3
　　章(2003、ひつじ書房)

第 5 章　助動詞

1 節　基本的性格

　　述語（動詞、形容詞、（名詞＋）判定詞）の基本形、タ形、連体形に接続して複雑な述語を作る語を「助動詞」と呼ぶ。助動詞が後続する場合に述語が連体形の形を取るのは、述語がナ形容詞か判定詞であり（形容詞、判定詞の活用の項を参照のこと）、かつ、後続する助動詞が形式名詞を要素として含む助動詞である場合に限られる。

　　助動詞は、モダリティの表現において用いられる。この点については、Ⅲ部6章で詳しく述べる。また、助動詞は一部のものを除き、活用する。

　　〈注1〉　「ようだ」や「らしい」を含んでいるという点で、「助動詞」という名称は

　　　　　　必ずしも適切であるとは言えないが、ここでは慣用に従うことにする。な

　　　　　　お、どの範囲の語を助動詞として扱うかに関しては、学校文法等での取り扱

　　　　　　いとは異なる。

2 節　助動詞一覧

　　助動詞に属する語を次に掲げる。助動詞は、大別すると、形式名詞（Ⅱ部6章4節参照）を要素として含むものと含まないものに分かれる。

形式名詞を要素として含むもの（「形式名詞＋「だ」（「である」、「です」）」）

　　◆ すべての述語に接続するもの：「のだ、わけだ、はずだ、ようだ」

　　(1)　　どこに行くのですか。

　（2）　　この点が不自然なのだ。

　（3）　　太郎はまだ子供なのだ。

　（4）　　太郎はまだ子供のようだ。

〈注2〉　「のだ」、「のです」は、話し言葉では、しばしば「んだ」、「んです」という形で表される（Ⅲ部11章4節参照）。

　　　　　　（イ）　この点が不自然なんだ。

◆動詞にのみ接続するもの：「ことだ、つもりだ」

　（5）　　すぐ帰ってあげることだ。

◆動詞と形容詞に接続するもの：「ものだ」

　（6）　　人前ではよく聞こえるように話すものだ。

　（7）　　年末はあわただしいものだ。

形式名詞を含まないもの

◆判定詞、ナ形容詞に接続する場合に、判定詞、ナ形容詞の 'da' の形が現れないもの（Ⅱ部4章3節参照）：「だろう（であろう、でしょう）、らしい、みたいだ（みたいである、みたいです）」

　（8）　　誰かが助けるだろう。

　（9）　　あの人はおそらく留学生だろう。

◆イ形容詞に接続するもの：「です」（Ⅴ部1章2節2参照）

　（10）　文法は難しいですか。

◆「～ません」の形に接続するもの：「でした」（Ⅴ部1章2節2参照）

　（11）　その話は、よくわかりませんでした。

◆その他：「そうだ（そうである、そうです）、べきだ（べきである、べきです）、まい」

　（12）　A社から新製品が出たそうだ。

〈注3〉　形容詞と判定詞については、「べきだ」、「まい」が接続する場合、イ形容詞は「連用形＋「ある」」の形を取り、ナ形容詞・判定詞は「（語幹＋）である」の形を取る。

　　　　（イ）　人には優しくあるべきだ。

　　　　（ロ）　もっと慎重であるべきだ。

　　　また、「べきだ」が「する」に接続する場合には、「するべきだ」の形の他
　　に、「すべきだ」の形が用いられる。

　　　さらに、「まい」が母音動詞（Ⅱ部2章3節参照）に接続する場合、母音動
　　詞は、基本形の代わりに連用形で表すこともできる。例えば、「食べるまい」
　　の代わりに「食べまい」という形を用いることができる。

　　助動詞の用法に関しては、Ⅲ部6章で述べる。ただし、「です」、「でし
　た」については、Ⅴ部1章2節2において取り上げる。

3節　活用

　　　助動詞を活用の面で見ると、判定詞と同じように活用するもの、ナ形
　　容詞と同じように活用するもの、イ形容詞と同じように活用するもの、
　　活用しないもの、の4種類に分かれる。

判定詞系（Ⅱ部4章2節参照）

　◆　「はずだ、つもりだ」

　　〈注4〉　ただし、連用形の'ni'は用いられない。

　◆　「のだ、わけだ」

　　〈注5〉　ただし、連用形の'ni'と連体形は用いられない。

　◆　「ものだ」

　　〈注6〉　ただし、基本形とタ形しか用いられない。

ナ形容詞系（Ⅱ部3章4節参照）

　◆　「ようだ、みたいだ、べきだ」

　　〈注7〉　ただし、「べきだ」の連体形は「べき」という形で表される。なお、「よう
　　　　　　だ」は、形式名詞を含むにもかかわらず、ナ形容詞と同じように活用する
　　　　　　という点に注意したい。

イ形容詞系（Ⅱ部3章4節参照）

　◆　「らしい」

活用しないもの

◆「ことだ、だろう、です、でした、そうだ、まい」

〈参考文献〉

北原保雄『日本語助動詞の研究』(1981、大修館書店)

阪田雪子・倉持保男『教師用日本語教育ハンドブック4巻　文法Ⅱ』(1980、国際交流基金)

鈴木重幸『日本語文法・形態論』16章 (1972、麦書房)

寺村秀夫『日本語のシンタクスと意味Ⅰ』1章 (1982、くろしお出版)

第 6 章　名詞

1節　基本的性格

　　名詞は、提題助詞（Ⅱ部9章3節参照）を付けて文の主題となったり、格助詞（Ⅱ部9章2節参照）を付けて文の補足語となったり、判定詞を付けて文の述語となったりする。名詞の中でも「数量名詞」と「形式名詞」は特殊な性質を持つ。これらの名詞については、3節と4節でそれぞれ取り上げる。

2節　名詞の意味範疇

1　日本語の名詞は、「人名詞」、「物名詞」、「事態名詞」、「場所名詞」、「方向名詞」、「時間名詞」、という基本的な意味範疇に分けて考えることができる。これらの意味範疇は、「ひと」、「もの」、「こと」、「ところ」、「ほう」、「とき」という名詞によって代表され、疑問語、指示語の形式と深い関連を有する。

2　疑問を表す名詞は、それが指す対象の意味範疇によって、異なった形式が用いられる。すなわち、「人名詞」には「誰」が、「物名詞」と「事態名詞」には「どれ」・「何」が、場所名詞には「どこ」が、「方向名詞」には「どちら」が、「時間名詞」には「いつ」が用いられる（Ⅱ部7章3節、Ⅲ部2章5節参照）。

　　〈注1〉　「どこ」は、「日本の首都はどこですか。」、「どこが優勝しましたか。」のように、場所や組織の名前を尋ねる場合に用いることができる。

3　指示語、及び、「ど」系列の疑問語が名詞を修飾する場合、「この人」、

「どの日」のように、「指示語／「ど」系列の疑問語の名詞修飾形態＋名詞」という形を取る（Ⅱ部7章2節参照）。ただし、「もの」、「ところ」は、「このもの」、「どのところ」等の形は用いず、それぞれ、「これ」、「どこ」の形を用いる。

4　名詞の具体的な指示対象を問題にせず、その名詞の本来の性質を云々する場合、「教師というもの」、「学校というもの」、「夏というもの」のように、「名詞＋「という」＋「もの」」という形が使われる。この場合は、上記の基本的意味範疇は区別されず、常に「もの」が使われる。

　　(1)　卒業パーティーには教師が20名、生徒が140名出席した。（具体的な指示対象を持つ用法）

　　(2)　教師というものは、常に、愛を持って生徒を導かなければならない。（本来の性質を問題にする用法）

　　〈注2〉　「ところ」にも「名詞＋「という」＋「ところ」」という形を取って、名詞の本来の性質を問題にする用法がある。この場合、名詞の場所としての性質が強調される。

　　　　(イ)　とかく、学校というところは、生徒の管理をする場所になりやすい。

3節　数量名詞

1　名詞のうち数量を表す名詞を「数量名詞」と呼ぶ。数量名詞には、名詞単独で数量を表すものと、「数の名詞＋助数辞」や「指示詞＋「ほど」、「くらい」」等のように、接尾辞や接尾辞的な語と組み合わせて初めて、数量名詞になるものとがある。単独で数量を表す名詞には「大勢、多く、多数、少数、いくらか、大部分、半分、全部」等がある。

　　助数辞（Ⅱ部13章3節1参照）には、「本、冊、枚」のように、数える対象の種類によって使い分けられる類別辞と、数に付いて、量、回数、時間等の様々な単位を表すもの（単位辞）とがある。重要な助数辞には、次のようなものがある。

◆類別辞：「つ、個、人、匹、頭、羽、本、冊、枚、組、台」等

◆単位辞

　　時間：「秒、分、時間、日（か／にち）、週間、月（つき）、年」等

　　時刻：「秒、分、時」

　　日付：「日（か／にち）、月（がつ）、年」

　　金額：「円、ドル、ポンド、ユーロ、ウォン」等

　　回数・倍数：「回、度、遍、回り、順、周、倍」等

　　順序：「目（め）、番」等

〈注3〉　「ほど、くらい」は、指示詞の名詞形態（Ⅱ部7章2節参照）に付いて、物の量や数、時間の長さ、程度、等を表す（Ⅲ部8章9節3参照）。

〈注4〉　「目」は、「3つ目、4回目、2日目」のように、他の助数辞に付いて順序を表す。

2　　数量名詞には、数量の多少を表すもの、具体的な数量を表すもの、集合の部分や全体を表すものがある。このうち、数量の多少を表すものには、「大勢、多く、多数、少数」等があり、これらは程度の副詞の修飾を受けることができる（Ⅱ部8章3節3参照）。具体的な数量を表すものには、「数の名詞＋助数辞」や「指示詞＋「ほど」、「くらい」」があり、「ちょうど、きっかり、ぴったり」、「だいたい、おおよそ」等の副詞や、「せいぜい、たった、ほんの」等の連体詞によって修飾され得る（Ⅱ部8章4節、10章2節参照）。集合の部分や全体を表すものには、「半分、3分の1、一部、いくらか、全部、全員」等があり、このうち全体を表すものは、量の副詞「ほとんど」等によって修飾され得る（例えば、「ほとんど全部」）。

3　　数量名詞は、名詞として主題や補足語の働きをしたり、「の」を伴って名詞を修飾したりするばかりでなく、「リンゴを3つ買った」のように、述語の修飾語としても使われる（Ⅲ部3章5節参照）。

4節　形式名詞

1　名詞の性質を持ちながら意味的に希薄で、修飾要素なしでは使えない
　名詞を「形式名詞」と呼ぶ。

　　形式名詞は、概念や事物を指し示す働きよりも、文の組み立てにおけ
　る働きの方が重要であり、補足節、副詞相当句、副詞節を作ったり、判
　定詞と結合して助動詞を作ったりする。

2　補足節を作る形式名詞には、「こと」、「の」、「ところ」がある。これ
　らの用法の違いについては、Ⅳ部1章2節で述べる。

　　(3)　田中は美智子が結婚したことを知らなかった。

　　(4)　君は彼が勉強しているのを見たことがあるか。

　　(5)　その泥棒は窓から逃げようとしているところを捕まえられた。

3　副詞相当句、副詞節（副詞節の例はⅣ部2章参照）を作るものには、次
　のようなものがある。

　◆時：時（に）、おり（に）、あいだ（に）、うち（に）、後（で／に）、前
　　　　（に）、最中（に）、さい（に）、場合（に）、たび（に）

　　(6)　次の会議の時に、また議論しよう。

　◆原因・理由：ため（に）、おかげ（で）、せい（で）、あまり

　　(7)　事故のために列車は30分ほど遅れた。

　◆様態：とおり（に）、よう（に）、かわり（に）、ほか（に）、ついで
　　　　（に）、まま（で）

　　(8)　教科書の指示のとおりに実験を行った。

　◆その他：一方（で）、反面、限り、くせ（に）、ほう

　　〈注5〉　類似表現として、「以前、以後、ほど、くらい」等がある。これらは接尾
　　　　　辞的な表現であり、形式名詞とは異なり、「それ以前、戦争以後」のように
　　　　　「の」を伴わないで直接名詞に接続する。

　　〈注6〉　「事故のため、列車は30分ほど遅れた。」のように、格助詞の「に」、「で」
　　　　　は省略されることがある。

　　〈注7〉　「おかげ」、「かわり」、「ついで」のように、文脈から明らかな場合は、修

飾要素を省略することができるものもある。

　（イ）　あなたのおかげで助かりました。

　（ロ）　おかげで助かりました。

　（ハ）　あなたのせいで、こんなことになったんです。

　（ニ）　*せいで、こんなことになったんです。

4　判定詞と結合して助動詞になるものには、「はず、の、わけ、もの、つ
　もり、こと、よう」がある（Ⅱ部5章2節参照）。

5　「ところ」には、「名詞＋「の」＋「ところ」」という形で、場所でない
　名詞を場所名詞にしたり、全体の中の位置を示す用法がある（本章2節
　参照）。

　（9）　一度私のところに遊びに来て下さい。

　（10）　そこのところを、もう少し詳しく言っていただけますか。

　「こと」には、具体的な人やものを表す名詞に付いて、「名詞に関する
事柄」、「名詞の属性」等の意味を持つ、抽象的な名詞を作る用法がある。

　（11）　いつも、あなたのことを考えています。

　（12）　私はその人のことを大学の先生だと思っていた（Ⅳ部1章4節4
　　　参照）。

5節　相互名詞・再帰名詞・分配名詞

1　名詞のうち、相互性、再帰性、分配性を表すものをそれぞれ「相互名
　詞」、「再帰名詞」、「分配名詞」と呼ぶ。これらは副詞としても使われる
　場合がある。

2　相互名詞には「互い」、「お互い」がある。「互い」は「互いに」の形で
　副詞として使われる。「お互い」は「に」を伴わずに副詞として用いら
　れる。また、「互いに互いを」という形でも使われる。この場合、「お互
　い」は普通使われない。

　（13）　互いの欠点をあげつらうのはやめよう。

　（14）　彼らは互いをたたえあった。

　　(15)　山田選手と田中選手は互いに互いをほめた。

　　(16)　生徒たちはお互い分からないところを教えあった。

3　再帰名詞には「自分」、「自身」、この二つを組み合わせた「自分自身」などがある。また、これらの丁寧な言い方である、「ご自分」、「ご自身」、などがある。「自身」は単独では使いにくく、「あなた自身」、「私自身」、「田中自身」のように他の名詞を再帰名詞にする接尾辞としても使われる。その丁寧な言い方である「ご自身」という形は単独でもよく使われる。ご自身は「お客様ご自身」のように接尾辞的にも使われる。

　　(17)　自分のことはよく分からない。

　　(18)　君たちも自分でよく考えてみなさい。

　　(19)　自分自身を知れ。

　　(20)　ご自身でやってみられたらどうでしょう。

　　(21)　お客様ご自身の希望の曜日をお選び下さい。

4　分配名詞には「それぞれ」、「各々」、「各自」、「めいめい」がある。これらは複数メンバーからなる名詞が表すグループのメンバーを 1 つずつ選びだし、そのメンバーの 1 つひとつ、一人ひとり、すべてについて述べるときに用いられる。これらは (25) のように副詞的に用いることも可能である。

　　(22)　我々はこれらの問題のそれぞれについて 30 分ずつ検討した。

　　(23)　隊員たちはそれぞれの部署に帰って行った。

　　(24)　弁当は各自で持参するように。

　　(25)　隊員たちはそれぞれ自分の部署に帰って行った。

〈注8〉　（イ）の例文は、山田の結婚相手が田中であるという解釈と、山田が A と結婚し、田中が B と結婚したという解釈の二通りが可能である。この多義性は、（ロ）のように分配名詞を副詞的に用いると解消できる。

　　　　（イ）　山田と田中が結婚した。

　　　　（ロ）　山田と田中がそれぞれ結婚した。

〈参考文献〉

沖久雄「数詞・助数詞の文法」『日本語学』5巻8号（1986）

鈴木重幸『日本語文法・形態論』5章（1972、麦書房）

田窪行則『日本語の構造：推論と知識管理』1部6章（2010、くろしお出版）

寺村秀夫「日本語名詞の下位分類」『日本語教育』12号（1968）

西山佑司『日本語名詞句の意味論と語用論：指示的名詞句と非指示的名詞句』（2003、
　　ひつじ書房）

森岡健二『現代語研究シリーズ3巻　文法の記述』Ⅰの7章（1988、明治書院）

山口佳紀「体言」大野晋・柴田武編『岩波講座日本語6巻　文法Ⅰ』（1976、岩波書店）

第 7 章　指示詞

1節　基本的性格

　指示詞は、現場の事物や話題の中の事物が、話し手・聞き手が関係する諸領域の中のどの領域にあるかを示す働きをする。

　日本語の指示詞には、話し手の領域にあることを示す「こ」系列、聞き手の領域にあることを示す「そ」系列、共通の領域にあることを示す「あ」系列、どの領域にあるかが不定であることを示す「ど」系列がある。ただし、この領域の区別は現場の事物を指す場合で、話題の中の事物を指す場合は多少異なる。「こ・そ・あ」の3系列を「指示語」、「ど」系列とその類語を一括して「疑問語・不定語」と呼ぶ。指示語の具体的な用法については、Ⅲ部10章で述べる。

2節　指示詞の形態

　指示詞は、名詞として働く場合、名詞を修飾する場合、述語を修飾する場合があり、それぞれの場合で形態が異なる。これらの形態をそれぞれ、名詞形態、名詞修飾形態、述語修飾形態と呼ぶ。

1　指示詞の名詞形態は通常、名詞と同じ働きをする。名詞形態には、物・事態を表す「これ、それ、あれ、どれ」、場所を表す「ここ、そこ、あそこ、どこ」、方向を表す「こちら、そちら、あちら、どちら」がある（Ⅱ部6章2節参照）。

2　指示詞の名詞修飾形態には、「この、その、あの、どの」の系列、「こんな、そんな、あんな、どんな」の系列、「この／その／あの／どの＋よ

うな」、「こう／そう／ああ／どう＋いう」の複合形の系列、等がある。
「こんな」の系列、「このような」の系列、「こういう」の系列は、指し示
された事物と同じ属性を持つ事物の集合を表すのに用いられる。

3　指示詞の述語修飾形態には、「こう、そう、ああ、どう」の系列、「こ
んなに、そんなに、あんなに、どんなに」の系列、「この／その／あの／
どの＋ように」、「こんな／そんな／あんな／どんな＋ふうに」の複合形
の系列、等がある。このうち、「こんなに」の系列は、程度や量が大きい
ことを表すのに用いられる。また、「このように」の系列と「こんなふう
に」の系列は、主として動きの様態や結果の状態を表す場合に用いられ
る。

3節　疑問語・不定語

1　指示詞「ど」系列には「どれ、どこ、どちら、どの、どんな、どう、
どうして」等があり、疑問表現で用いられる。これらの語を「疑問語」
と呼ぶ。疑問語には他に、次のような語がある。

- ◆ 名詞：「誰、何（なに／なん）、いつ、いくつ、いくら」（「いつ、いく
  つ、いくら」は、述語修飾にも使われる。）
- ◆ 副詞：「なぜ」
  〈注1〉　「何」は、「何冊、何回」のように、助数辞を伴って数量を表す場合、「これ
  は何ですか」のように、判定詞を付けて述語になる場合、「なんで（理由）」、
  「なんでも」のように「で」、「でも」を付ける場合には、「なん」の形を用い
  る。

2　「だれか、どれか、なにか、どこか、どちらか、いつか、なぜか」、「だ
れも、どれも、なにも、どこも、どちらも、いつも」、「だれでも、どれ
でも、なんでも、どこでも、どちらでも、いつでも」等のように、疑問
語に「か」、「も」、「でも」が付いて不定の対象を指し示す語を、「不定
語」と呼ぶ。このうち、「〜か」は、不定の対象の存在を表し、「〜も」
は、否定の表現を伴って対象の不存在を表し、「〜でも」は、任意の対象

を表す。

(1)　　庭に誰かいるよ。

(2)　　この問題を解いた人は誰もいない。

(3)　　この地域の人は、誰でもこの施設を利用できます。

〈注2〉　「いつも」は、「彼はいつも遅れる。」のように、肯定表現でも使われる。また、「だれも」は、ガ格の形式で用いられるときは、「誰もが知っている。」のように肯定表現となる。

〈注3〉　「だれも」や「だれでも」における「も」と「でも」は、取り立て助詞である。したがって、「も」、「でも」は格助詞と共に用いる場合は、原則として格助詞に後続する（III部8章7節参照）。

　　（イ）　きょうは、誰にも会わない。

　　（ロ）　要求があれば、どこにでも行くつもりだ。

〈参考文献〉

尾上圭介「不定語の語性と用法」渡辺実編『副用語の研究』(1983、明治書院)

金水敏「代名詞と人称」北原保雄編『講座日本語と日本語教育4巻　日本語の文法・文体（上)』(1989、明治書院)

金水敏・木村英樹・田窪行則『日本語文法セルフマスターシリーズ4　指示詞』(1989、くろしお出版)

金水敏・田窪行則編『指示詞』(1992、ひつじ書房)

高橋太郎「指示詞の性格」『日本語学』9巻3号 (1990)

田窪行則『日本語の構造：推論と知識管理』3部5章 (2010、くろしお出版)

田中望・正保勇『日本語教育指導参考書8　日本語の指示詞』(1981、国立国語研究所)

第8章　副詞

1節　基本的性格

1　副詞とは、述語の修飾語として働くのを原則とする語をいう。主な種類として、「様態の副詞」、「程度の副詞」、「量の副詞」、「テンス・アスペクトの副詞」、等がある。

2　文全体に対して修飾語として働く語も、副詞の一種とみなし、「文修飾副詞」と呼ぶ。文修飾副詞には主として、「呼応の副詞」、「評価の副詞」、「発言の副詞」、等がある。

　〈注1〉　述語修飾と文修飾は、実際には連続的であり、上記の区別は便宜的なものである。

2節　様態の副詞

1　動きのありさまを表す副詞を「様態の副詞」という。例えば、「ゆっくり歩く」という表現における「ゆっくり」は、歩く動作がどのように行われるかを表す様態の副詞である。様態の副詞には、「堂々と、黙々と、平然と、軽々と、一気に、いやいや、こわごわ、ぐっすり、ゆっくり、ぼんやり、にやにや、しくしく、じっと、さっさと、ドスンと、はっきり（と）、きっぱり（と）、すくすく（と）、しとしと（と）、ザーザー（と）」等の例がある。

　〈注2〉　様態の副詞には、「ドスンと」のような「擬音語」（音をまねて表す語）と「ぐっすり」のような「擬態語」（動きのありさまや人やものの状態を音で象徴的に表す語）が多数含まれる。擬音語と擬態語は、まとめて「オノマトペ」

と呼ばれる。

　　擬音語・擬態語には、副詞の他に、「ボロボロだ、こちこちだ、ふかふか
　　だ」のような形容詞（Ⅱ部 14 章 4 節参照）、「イライラする、ひりひりする、
　　うとうとする、すべすべする」のような動詞がある（Ⅱ部 2 章 5 節参照）。

2　　様態副詞には、動きの主体の意志の有無を表すものが含まれる（Ⅱ部 2
章 2 節 3 参照）。このような様態副詞としては、意志的な動作であること
を表す「わざと、わざわざ、あえて」等と、無意志的な動作であること
を表す「うっかり、思わず」等がある。

3 節　程度の副詞

1　　状態の表現においては、しばしば程度が問題になる。例えば、「試験
が難しい」という時、どの程度に難しいのかを問題にすることができる。

　　（1）　　今回の試験は少し難しかった。

　　（1）の例における「少し」のような、程度のあり方を表す副詞を「程
度の副詞」という。

　　程度の副詞は一般に、状態述語（Ⅰ部 2 節 2 参照）の文で用いられるが、
動的述語（Ⅰ部 2 節 2 参照）の文についても、人の感情・感覚を表す動詞
（Ⅲ部 2 章 3 節参照）や「増加する」、「減少する」、「進歩する」、「上達す
る」のような量的な変化を表す動詞を述語とする文の場合は、程度の副
詞を用いることができる。

　　（2）　　太郎はその話に大変驚いた。

　　（3）　　医学もずいぶん進歩したものだ。

　　また、程度の副詞は、名詞の修飾語（Ⅲ部 9 章 1 節参照）と述語の修飾
語（Ⅲ部 3 章参照）を修飾する場合もある。

　　（4）　　少し難しい試験（名詞の修飾語を修飾する用法）

　　（5）　　かなりゆっくり歩く（述語の修飾語を修飾する用法）

　　程度の副詞には、「大変、はなはだ、ごく、とても、非常に、極めて、
おそろしく、ひどく、だいぶ（ん）、大幅に、ずいぶん、たいそう、相当、

かなり、わりあい、わりと、わりに、けっこう、なかなか、少し、ちょっと、少々、多少、いくらか、じゅうぶん、よく、最も、一番、もっと、ずっと、一層、はるかに、より、さらに、なお」等がある。このうち、「最も」以下のものは、程度の中でも特に、比較が関わる程度を表す（III部2章5節参照）。

2　程度の副詞の中には、原則として述語の否定形と共に使われるものもある。「あまり、さほど、たいして、全然、全く、さっぱり、少しも、ちっとも」等が、その例である。

　　(6)　試験は、あまり難しくなかった。

〈注3〉　「あまり」は、次のような条件を表す表現においては、述語の肯定形と共に使うことができる（IV部2章5節参照）。

　　（イ）　試験があまり難しいと、合格者は出ないだろう。

3　名詞の中でも数量や時間・空間を表すものは、程度の副詞で修飾される場合がある。

　　(7)　非常に大勢の人が集まった。

　　(8)　問題の建物は少し北にあった。

4節　量の副詞

1　動きに関係するものや人の量を表す副詞を「量の副詞」と呼ぶ。例えば、「パンにジャムをたっぷり塗る」という表現において、「たっぷり」という副詞は、塗られるジャムの量が多いことを表す。量の副詞には、「たくさん、いっぱい、たっぷり、どっさり」等がある。

　　また、程度の副詞の中に、「ビールを少し飲んだ」という表現における「少し」のように、量の副詞としても使えるものがある。「だいぶ（ん）、ずいぶん、相当、かなり、少し、ちょっと、少々、多少、じゅうぶん、よく」等が、その例である。

　　さらに、述語の否定形と共に使われる程度の副詞についても、量の副詞として用いることができる。すなわち、「あまり、さほど、たいして、

全然、全く、さっぱり、少しも、ちっとも」等は、「ビールをあまり飲まなかった」のような、量の副詞としての用法が可能なわけである。

〈注4〉　状態の表現の中でも、存在を表す表現については、量の副詞を用いることができる。

　　　（イ）　店には、人がいっぱいいる。

〈注5〉　「たくさん、いっぱい、相当、かなり、少し、ちょっと、少々、多少、じゅうぶん」等は、接続助詞「の」（Ⅱ部9章5節3参照）を介して名詞を修飾することができる（Ⅲ部9章1節3参照）。

　　　（イ）　少しの時間

2　量の副詞の中で注意すべきものとして、「だいたい、おおよそ、ほぼ、あらかた、ほとんど」のような、全体のうちの大部分という意味を表すものがある。

　　（9）　予定の仕事はだいたい終わった。

　　（10）　太郎は宿題のことをほとんど忘れていた。

　これらの量の副詞には、次の例に示されるような、数量を表す名詞を修飾する用法もある（Ⅱ部6章3節参照）。

　　（11）　ほとんど全員が集まった。

　　（12）　目的地までは、おおよそ2時間かかる。

〈注6〉　「ほとんど」は、名詞の働きをすることもある。

　　　（イ）　集まった人のほとんどは、礼服を着ていた。

5節　テンス・アスペクトの副詞

1　事態が起こる時間や事態の発生・展開のあり方を表す副詞を、「テンス・アスペクトの副詞」と呼ぶ。

2　「テンス・アスペクトの副詞」のうち、「テンスの副詞」とは、発話の時点を基準として当該の事態の時を位置づけるものをいう（Ⅲ部5章1節、2節参照）。この種の副詞には、「かつて、いずれ、いまに、もうすぐ、これから、さきほど、のちほど」等がある。

　　　(13)　かつて、この辺りに異民族が住んでいたらしい。

3　　一方、「アスペクトの副詞」とは、事態の発生、展開（近接、継続、完
　了、反復、順序、等）に関する状況を表すものをいう（Ⅲ部5章5節、6
　節、7節参照）。この種の副詞には、「いまにも、既に、もう、とっくに、
　ちょうど、まだ、ずっと、依然（として）、もはや、次第に、だんだん、
　徐々に、ますます、とうとう、ついに、ようやく、やっと、すぐ（に）、
　ただちに、たちまち、いつしか、やがて、まもなく、ほどなく、そのう
　ち（に）、しばらく、いよいよ、あらかじめ、まえもって、かねて（から）、
　かねがね、突然、いきなり、ひとまず、いったん、とりあえず、はじめ
　て、まず、ふたたび、また」等がある。

　　　(14)　ずっと雨が降っている。

　〈注7〉　「もはや」は、主として述語の否定形と共に用いられる。

　　　　　（イ）　このようなことを知っている人は、もはやいない。

4　　アスペクトの副詞の中には、事態が起こる頻度を表すものもある。
　「いつも、きまって、常に、しじゅう、絶えず、たいてい、よく、しばし
　ば、たびたび、しきりに、時に、時々、たまに」等がその例である。

　　　(15)　鈴木さんはいつも夜遅く帰宅する。

　　「めったに、あまり、全然、全く、ちっとも」等のように、述語の否定
　形と共に使われるものもある。また、「ほとんど」にも、頻度が極めて低
　いことを表す用法がある。

　　　(16)　高津さんにはめったに会わない。

　　　(17)　最近、花子にはほとんど会わない。

6節　呼応の副詞

1　　文末の「モダリティ」の表現（Ⅲ部6章、7章参照）と呼応する副詞を
　「呼応の副詞」と呼ぶ。例えば、(18)における「ぜひ」は、文末の依頼
　の表現と呼応する。

　　　(18)　ぜひこの問題を調べて下さい。

　　呼応の副詞は、文頭に近い位置に現れ、文末のモダリティを予告する
働きを持つ。呼応の副詞には、次のような例がある。

◆疑問と呼応するもの：「いったい、はたして」

　　(19)　いったい、どうしてこんな事故が起こったのか。

◆否定と呼応するもの：「決して、必ずしも、とても、とうてい」

　　(20)　この政策は、必ずしも市民に支持されていない。

◆依頼・命令、願望と呼応するもの：「ぜひ、なんとか、どうか、どう
　　ぞ」

　　(21)　なんとか助けてあげたいものだ。

◆概言・確言（Ⅲ部6章2節、9節参照）と呼応するもの：「おそらく、
　　たぶん、さぞ、まず、どうも、どうやら、きっと、必ず、絶対、確
　　か、まさか、よもや」

　　(22)　どうも太郎はこのことを知っているようだ。

〈注8〉　「まさか」、「よもや」は、述語の否定形と共に用いられる。

　　　　　(イ)　まさか、こんなところには誰も来ないだろう。

◆伝聞と呼応するもの：「なんでも」

　　(23)　なんでも、ここに35階建てのビルが建つそうだ。

◆比況と呼応するもの：「まるで、あたかも、さも」

　　(24)　まるで、夢でも見ているようだ。

◆感動と呼応するもの（Ⅲ部12章2節2参照）：「なんと、なんて」

　　(25)　なんて、難しいのだろう。

2　従属節において条件・譲歩の表現（Ⅳ部2章5節参照）と呼応するもの
　　も、呼応の副詞に含める。

　　(26)　もし皆が反対するなら、考えなおさなければならない。

　　(27)　たとえ皆が反対しても、私の考えは変わらない。

　　この種の呼応の副詞には、「もし、万一、かりに、たとえ、いくら、い
かに」等がある。

7節　評価の副詞

　　当該の事柄に対する評価を表す副詞を「評価の副詞」と呼ぶ。例えば、
（28）における「当然」は、「よい結果が出なかった」ことに対する評価
を表している。

　　（28）　当然、よい結果は出なかった。

　　この種の表現は、評価の副詞を述語の位置に置く表現に言い換えるこ
とができる。

　　（29）　よい結果が出なかったのは、当然だ。

　　評価の副詞の例には、「あいにく、さいわい、当然、もちろん、むろ
ん、偶然、たまたま」等がある。

8節　発言の副詞

　　当該の発言をどのような態度で行うかを表す副詞を「発言の副詞」と
呼ぶ。

　　（30）　実は、私にもその理由は分からない。

　　発言の副詞には、「〜言えば」、「〜言うと」、「〜言って」等の形式で
言い換えられるものがある（III部3章6節2参照）。

　　（31）　実を言うと、私にもその理由は分からない。

　　発言の副詞の例には、「実は、実際（は）、言わば、例えば、要は、概
して、総じて、正直」等がある。

9節　その他の副詞

　　副詞として扱い得る語は数、種類共に多く、上記の分類に収まらない
ものが少なくない。そのような例に、「特に、異に、単に」等のような
限定を表すものや、「やはり、せっかく、せめて、さすが」等のような、
ある種の評価を表すものがある。

　　（32）　特にこの点を強調しておきたい。

　　（33）　やはり、故郷というものはよいものだ。

〈**参考文献**〉

工藤浩「副詞と文の陳述的なタイプ」仁田義雄・益岡隆志編『日本語の文法 3』(2000、
　　岩波書店)

鈴木重幸『日本語文法・形態論』15 章 (1972、麦書房)

田守育啓『オノマトペ：形態と意味』(1999、くろしお出版)

仁田義雄『副詞的表現の諸相』(2002、くろしお出版)

畠郁・西原鈴子・中田智子・中道真木男『日本語教育指導参考書 19　副詞の意味と用
　　法』(1991、国立国語研究所)

矢澤真人「副詞的修飾の諸相」仁田義雄・益岡隆志編『日本語の文法 1』(2000、岩波書
　　店)

第9章　助詞

1節　基本的性格

　　名詞に接続して補足語や主題を作る働きをするもの、語と語、節と節を接続する働きをするもの、等を一括して「助詞」という。助詞は、文の組み立てにおける働きの違いによって主として、「格助詞」、「提題助詞」、「取り立て助詞」、「接続助詞」、「終助詞」、等に分かれる。

　　〈注1〉　文中での働きということから言えば、「助詞」として一括する強い根拠はないが、ここでは、慣用に従って「助詞」という品詞を設けておく。ただし、助詞の下位分類の仕方については、学校文法等と一致しない部分が多い。

2節　格助詞

1　補足語（Ⅰ部2節3参照）が述語に対してどのような関係にあるかを表す助詞を「格助詞」という。補足語は一般に、名詞と格助詞で構成される。(1) における「が」、「で」、「に」は、いずれも格助詞である。

　　(1)　鈴木さんが街で旧友に会った。

2　格助詞には、「が、を、に、から、と、で、へ、まで、より」がある。補足語を、それが取る格助詞の違いに応じて、「ガ格」、「ヲ格」、等と呼び分けることにする。

　　〈注2〉　「と」は、引用の表現でも用いられる。引用を表す助詞を格助詞と区別して、「引用の助詞」と呼ぶ（Ⅲ部1章4節、Ⅳ部1章4節参照）。

　　　　(イ)　地元の人はその家を幽霊屋敷と呼んでいる。

　　格助詞の詳細については、Ⅲ部1章で述べる。

3節　提題助詞

1　主題（Ⅰ部2節5参照）を提示する働きをする助詞を「提題助詞」と呼ぶ。主題は一般に、名詞と提題助詞で構成される。例えば、(2) では、「鈴木さんは」が主題である。

　　(2)　鈴木さんは、街で旧友に会った。

　　提題助詞には、「は、なら、って、ったら」等がある。

2　格助詞と提題助詞がいっしょに用いられる場合には、格助詞が提題助詞に先行する。(3) の「この国では」においては、格助詞「で」が提題助詞「は」に先行している。

　　(3)　この国では、土地の値上がりが深刻化している。

　　提題助詞の詳細については、Ⅲ部8章で述べる。

4節　取り立て助詞

1　同類の他の事項を背景にして、ある事項を取り上げる働きをする助詞を「取り立て助詞」と呼ぶ。

　　(4)　花子からも返事がなかった。

　　(4) では、助詞の「も」が、返事がなかった人に花子以外の人がいることを表している。

　　取り立て助詞には、「は、も、さえ、でも、すら、だって、まで、だけ、ばかり、のみ、しか、こそ、など、なんか、なんて、くらい」がある。このうち、「は」は提題助詞としても用いられる。

2　取り立て助詞は、主として、補足語と述語の位置に現れる。補足語においては、格助詞の前に現れる場合（例えば、(5)）と後ろに現れる場合（例えば、(6)）がある。

　　(5)　あなただけにお話しします。（だけ＋に）

　　(6)　あなたにだけお話しします。（に＋だけ）

　　述語の位置では、連用形・テ形、基本形・タ形に接続する。

　　(7)　太郎はテレビを見てばかりいる。（テ形＋ばかり）

(8)　　課長に話しただけだ。（タ形＋だけ）

取り立て助詞の詳細については、Ⅲ部8章で述べる。

5節　接続助詞

1　語と語、節と節を接続する助詞を「接続助詞」と呼ぶ。(9) の「と」は語と語を接続する助詞の例であり、(10) の「から」は節と節を接続する助詞の例である。

(9)　　太郎と花子

(10)　　用事はすぐ終わりますから、ここで待っていて下さい。

2　接続助詞には、並列的な関係で接続する働きを持つ「並列接続助詞」と、従属的な関係で接続する働きを持つ「従属接続助詞」がある（Ⅰ部4節参照）。

このうち、並列接続助詞には、語と語（具体的には、名詞と名詞）を接続するものと、節と節を接続するものがある。

◆名詞と名詞を接続するもの：「と、や、も、に、か」等（Ⅲ部9章3節参照）

(11)　　スポーツの中では、テニスや水泳が好きだ。

◆並列節と主節を接続するもの（述語の基本形・タ形に接続する）：「し、が」等（Ⅳ部4章2節、3節参照）

(12)　　この国は、車も多いし、道路も狭い。

(13)　　この街は、道路は広いが、車も多い。

3　従属接続助詞にも、語と語（具体的には、名詞と名詞）を接続するものと、節と節を接続するものがある。

◆名詞と名詞を接続するもの：「の、という」等（Ⅲ部9章1節参照）

(14)　　日本語の本

〈注3〉　「の」や「という」は、連体節と名詞を接続することがある（Ⅳ部3章4節参照）。

（イ）　どちらを採るかの問題

　　　　（ロ）　どちらも採るべきだという意見

◆ 従属節と主節を接続するもの（Ⅳ部2章参照）

　● 述語の基本形に接続するもの：「と、まで、なり」等

　(15)　トンネルを抜けると、そこは一面の菜の花畑だった。

　● 述語のタ形に接続するもの：「きり」等

　(16)　花子は出て行ったきり、戻って来ない。

　● 述語の基本形・タ形に接続するもの：「から、けれど（も）、なら」等

　(17)　ベルを押したけれども、返事がなかった。

　● 述語の基本形・タ形、連体形に接続するもの：「ので、のに」等

　(18)　この国の人は皆親切なので、とても暮らしやすい。

　● 述語の連用形に接続するもの：「ながら、つつ」等

　(19)　花子はいつも、音楽を聴きながら勉強する。

　● 述語のテ形に接続するもの：「から」等

　(20)　よく考えてから、お返事します。

〈注4〉　節と節を接続する接続助詞は、述語の基本形・タ形、連体形に接続するの
　　　を原則とする。「ながら」、「つつ」、「から」等は、この点において例外とな
　　　る。

6節　終助詞

1　「終助詞」は、文末に現れる助詞で、述語の基本形、タ形、等、文を終
　止できる形式に接続する。(21)における「か」は、その例である。

　　(21)　おみやげに何を買いましたか。

　　終助詞の使い方には、男女差が見られる（Ⅴ部2章1節、2節、3節参
　照）。

2　終助詞には、断定を表す「さ」、疑問を表す「か、かい、かな、かし
　ら」、確認・同意を表す「ね、な」、知らせを表す「よ、ぞ、ぜ」、感嘆を
　表す「なあ、わ」、記憶の確認を表す「っけ」、禁止を表す「な」、等があ
　る。

(22)　僕はどうせ馬鹿な男さ。

(23)　大きな家だなあ。

(24)　明日の会議は何時からだったっけ。

〈注5〉　終助詞に準じるものとして、「なさい（連用形に接続する）、って、っと」

　　　　がある（III部6章3節、9節7参照）。

　　　（イ）　もう帰ろうっと。

3　特に注意すべき終助詞として「ね」と「よ」がある。

　「ね」は、基本的には、相手も当該の知識を持っていると想定される場合と、相手の知識を想定しない場合に用いられる。相手も当該の知識を持っていると想定される場合は、自分の知識と相手の知識が一致していると想定し、これを相手に確認するときは同意要求になり、自分の知識が不確かなときは確認になる。

(25)　きょうはよい天気ですね。（同意要求）

(26)　彼は、確か岡山の出身だったね。（確認）

　相手の知識を想定しない場合、自分の知識を検索したり、知識を得るために確認作業や推論操作をしたことを表す。(29)のように答えが自明な場合は使えない。

(27)　A：　今何時ごろでしょうか。

　　　　B：　（時計を見ながら）3時5分ですね。

(28)　A：　これは被害者のものですか。

　　　　B：　そのようですね。

(29)　A：　奥さんのお名前は

　　　　B：??寛子ですね。

　「よ」は、基本的には、相手が知らないことに注意を向けさせる働きをする。したがって、場合によって、単なる知らせ、注意、警告、等の様々な意味を表す。

(30)　財布が落ちましたよ。（知らせ）

(31)　もっと勉強しないと、試験に落ちるよ。（注意、警告）

4　終助詞のうち、「ね」と「さ」は、文中の切れ目に挿入して、聞き手の
　　注意を促す働きをする。これを、終助詞の「間投用法」と呼ぶ。

　　（32）　最近ね、こんな表現がね、はやっているらしいよ。

　〈注6〉　丁寧な文体では、「さ」は使えない。また、丁寧体では、「ね」の代わりに
　　　　　「ですね」も用いられる。

　　　　　（イ）　最近ですね、こんな表現がですね、はやっているらしいですよ。

〈参考文献〉

梅原恭則「助詞の構文的機能」北原保雄編『講座日本語と日本語教育4巻　日本語の文
　　法・文体（上）』（1989、明治書院）

奥津敬一郎・沼田善子・杉本武『いわゆる日本語助詞の研究』（1986、凡人社）

金水敏・田窪行則「談話管理理論に基づく「よ」「ね」「よね」の研究」堂下修司・新美
　　康永・白井克彦・田中穂積・溝口理一郎編『音声による人間と機械の対話』（1998、
　　オーム社）

鈴木重幸『日本語文法・形態論』5章（1972、麦書房）

田窪行則「談話管理の標識について」文化言語学編集委員会編『文化言語学：その提言
　　と建設』（1992、三省堂）

　　https://www.researchgate.net/publication/332570456_tanhuaguanlinobiaoshinitsuite

田中章夫「助詞（3）」大野晋・柴田武編『岩波講座日本語7巻　文法Ⅱ』（1977、岩波書
　　店）

半藤英明『日本語助詞の文法』（2006、新典社）

藤田保幸『複合助詞の研究』（2019、和泉書院）

第 10 章　連体詞

1節　基本的性格

連体詞は、もっぱら名詞修飾（連体修飾）の機能を果たす。

2節　由来と分類

1　連体詞の中には、「ある、あらゆる、いわゆる、かかる、あくる、来る、去る」のように、動詞の名詞修飾形式に由来するもの、「たいした、だいそれた、とんだ、困った、ふとした、おもだった、ちょっとした、堂々とした、確固とした」のように、動詞のタ形に由来するもの（Ⅲ部9章1節2参照）、「おおきな、ちいさな、おかしな、細かな、いろんな、ろくな、めったな、はるかなる、堂々たる、確固たる、微々たる」のように、形容詞の名詞修飾形式に由来するもの、「例の、一種の」のように、「名詞＋「の」」という形式で表されるもの、等がある。これらの語は、名詞修飾のみに用いられ、述語として用いることはできない。

他に、「ほんの、せいぜい、たかだか、たった、およそ、約」のように、他の品詞とは関係ないもので、名詞修飾のみに用いられるものもある。

2　連体詞の由来と用法はほぼ対応している。動詞の名詞修飾形式に由来する連体詞と「名詞＋「の」」という形の連体詞は、名詞を限定する役割を果たすものが多い。動詞のタ形に由来する連体詞と形容詞の名詞修飾形式に由来する連体詞は、修飾される対象の属性を表すものが多い。また、「ほんの」等は、数量の程度を規定する（Ⅱ部6章3節参照）。

(1)　ある人は、こんなことを言っている。

(2)　例の話、その後どうなりましたか。

(3)　とんだことになりましたね。

(4)　校則は、あまり細かな規則を立てないほうがよい。

(5)　あまり高い品物じゃないな。せいぜい5000円だ。

〈参考文献〉

市川孝「副用語」大野晋・柴田武編『岩波講座日本語6巻　文法Ⅰ』(1976、岩波書店)

寺村秀夫『日本語のシンタクスと意味Ⅲ』8章 (1991、くろしお出版)

矢澤真人「修飾語と並立語」北原保雄編『講座日本語と日本語教育４巻　日本語の文法・文体 (上)』(1989、明治書院)

第 11 章　接続詞

1節　基本的性格

　　接続詞は、文頭において、先行する文とのつながりを示す役割を果た
す。「しかし」、「なぜなら」、「すなわち」、「また」、「なお」、「あるいは」
等の語がこれに該当する。接続詞は、文より大きな単位同士のつながり
を示すこともできる。

　　本章では、さらに、「いずれにしても」のような、接続詞と同じ機能を
果たす「接続詞相当句」も扱う。

2節　接続詞の由来

　　接続詞は、他の品詞から転用したものが多い。「が、けれど（も）、とこ
ろが、ところで、だから、なのに、すると、一方、反面」のように、接
続助詞（Ⅱ部9章5節参照）やそれに相当する表現に由来するもの、「そ
れで、（それ）では、それに、それから、それとも、そこで、そのため、
そして」のように、指示詞（Ⅱ部7章参照）を含む表現に由来するもの、
「したがって、つまり」のように、動詞に由来するもの、「おまけに、ゆ
えに、ちなみに」のように、「名詞＋助詞」の形のもの、等がある。

　　接続助詞に由来するものの場合は、前の文の省略形と考えられる。ま
た、指示詞を含むものは、「そ〜」の部分で前の文を受けている（代用し
ている）と考えられる。つまり、これらの文は、前の文を省略、代用と
いう形で含んだ複文と見ることもできる。

　　（1）　　彼は悔しかった。けれども、何も言わなかった。

　　　　（＝彼は悔しかったけれども、何も言わなかった。）

　（2）　花子は太郎に電話をした。それから、会いに行った。

　　　　（＝花子は太郎に電話をしてから、会いに行った。）

3節　接続詞相当句

　文接続の機能は、接続詞に相当する語句でも表すことができる。例え
ば、「これに対して」、「それに反して」のように、指示詞を含む動詞テ形
の句、「なぜかというと」、「といっても」、「というのは」、「とはいえ」、
「とすると」のように、引用の形を含む句、等は、前の文を受けて、次の
文につなぐ役割を果たすという意味で、接続詞相当句とみなせる。

　（3）　日本の大学は入学するのが難しい。これに対して、アメリカの
　　　　大学は卒業するのが難しい。

　また、接続詞、接続詞相当句の中には「が」、「けれど（も）」、「とする
と」のように、前文の代用形として判定詞（II部4章参照）を残すことが
できるものがある。

　（4）　田中はこの事実を知らなかったらしい。だとすると、彼が犯人
　　　　である可能性は低い。

4節　接続詞相当句の丁寧形

　接続詞相当句のうち、「だ」、「いう」、「対して」、「する」、等の述語
的要素を含むものは、丁寧な文体において、「ですが」、「と申しまして
も」、「それに対しまして」、「としますと」のように、述語的要素を丁寧
形で表せるものがある（V部1章2節参照）。

　（5）　これは確かに困難な問題です。ですが、そんなことばかりを
　　　　言っていたのでは、進歩というものはありえないのではないで
　　　　しょうか。

〈参考文献〉

佐久間まゆみ「接続詞・指示詞と文連鎖」仁田義雄・益岡隆志編『日本語の文法4』
　　（2002、岩波書店）

信太知子「接続語と独立語」北原保雄編『講座日本語と日本語教育4巻　日本語の文
　　法・文体（上）』（1989、明治書院）

鈴木重幸『日本語文法・形態論』17章（1972、麦書房）

森田良行「文の接続と接続語」『日本語学』6巻9号（1987）

第 12 章　感動詞

1節　基本的性格

　　感動詞は、文の他の要素と結びついて事態を表すというよりも、事態に対する感情や相手の発言に対する受け答え等を、一語で非分析的に表す形式である（Ⅲ部12章参照）。

2節　感動詞の分類

1　感動詞には、「あ、ああ、おや、まあ、あら、あれ、あれー、あれれ、ありゃ、ありゃりゃ、わ、うわ、ぎょ、ぎょぎょ、ひゃー」のように、眼前の事態に対する驚きを表すもの、「なんと、へー」のように、眼前の事態や相手の言ったことに対する意外感を表すもの、「はい、ええ、ああ、うん、はあ、いいえ、いや」のように、相手の発言に対する同意、不同意を表すもの、「なるほど、ふうん、ふん、はあ」のように、相手の発言に対する理解を表すもの、「さあ、ええと、あの、その、そうね、そうですね」のように、解答を模索中であることを表すもの、「もしもし、あの、おい、こら、ねえ、ほら、そら、さあ」のように、相手に呼びかけたり、注意を喚起したりするときに用いられるもの、「はて、はてな」のような自分に対する疑問の表現、「さてと、やれやれ、よいしょ、どっこいしょ、よし」のように、動作や行動の開始時に自分に言い聞かせるために用いるもの、等がある。

2　挨拶に使う儀礼的な表現も、場面によって使うものが決まっており、非分析的であるという点から、感動詞及びそれに相当する句として扱う

ことができる。

　儀礼的な感動詞、感動詞相当句には、「さようなら、じゃ、じゃまた、じゃこれで、じゃまた後で、失礼します、おやすみなさい」のような別れの挨拶の表現、「やあ、お早う、こんにちは、こんばんは、元気、おす」等の出会いの挨拶の表現、「行って来ます、行ってらっしゃい、ただいま、お帰り（なさい）」等の出発・出迎えの表現、「ありがとう（ございます）、すみません、おそれいります」等の感謝の表現、「いえ、いいえ、いえいえ、どういたしまして、とんでもない、とんでもございません」等の感謝に対する答えの表現、「いただきます、ごちそうさま」等の食事時の挨拶、等がある。

〈参考文献〉

市川孝「副用語」大野晋・柴田武編『岩波講座日本語6巻　文法Ⅰ』（1976、岩波書店）

定延利之『ささやく恋人、りきむレポーター：口のなかの文化』（2005、岩波書店）

定延利之・田窪行則「談話における心的操作モニター機構：心的操作標識「ええと」と「あの（ー）」」『言語研究』108号（1995）

　　https://doi.org/10.11435/gengo1939.1995.108_74

信太知子「接続語と独立語」北原保雄編『講座日本語と日本語教育4巻　日本語の文法・文体（上）』（1989、明治書院）

田窪行則「音声言語の言語学的モデルをめざして：音声対話管理標識を中心に」『情報処理』36巻11号（1995）

　　http://id.nii.ac.jp/1001/00003785/

村木新次郎『日本語の品詞体系とその周辺』4部（2012、ひつじ書房）

第 13 章　接辞

1節　基本的性格

1　接辞は、語（派生語）を構成する要素であり、派生語基に付加して独立の語を派生する。語基の前に付くものを「接頭辞」、後ろに付くものを「接尾辞」という（Ⅱ部1章4節1、2参照）。

2　活用語（Ⅱ部1章3節参照）と接尾辞の結合において、派生語基は、形容詞については活用語幹と同じであり、動詞については活用語幹か連用形のいずれかである。

3　派生語の文中での働きを決めるのは、原則として語の末尾の要素である。したがって、接頭辞は一般に、派生語の品詞のあり方に影響しないが、接尾辞は派生語がどの品詞に属するかを決定する（Ⅱ部1章4節4参照）。接尾辞は、それが付加してできる派生語の品詞の違いによって、主として、「名詞性接尾辞」、「形容詞性接尾辞」、「動詞性接尾辞」に分けることができる。

4　接辞は、由来の違いにより、「和語系接辞」と「漢語系接辞」に分かれる。

2節　接頭辞

1　接頭辞には、次のような例がある。

◆名詞に付くもの

「お（例えば、「お名前」）、ご（「ご心配」）、み（「み仏」）、ま（「ま冬」）、す（「す足」）、おお（「大雪」）、こ（「小鳥」）、大（「大都市」）、両（「両

横綱」)、本 (「本委員会」)」

〈注1〉　敬語表現に用いられる接頭辞「お」、「ご」については、Ⅴ部1章6節を参照のこと。

◆ 動詞に付くもの

「うち (「うち沈む」)、とり (「とり壊す」)、ぶち (「ぶち壊す」)」

◆ イ形容詞に付くもの

「ま (「ま新しい」)、こ (「こうるさい」)、か (「か細い」)」

2　接頭辞の中で注意を要するものに、否定の意味を表すものがある。この種の接頭辞の例には、名詞・ナ形容詞に付く「無、不、非、未」がある。

接頭辞は派生語の品詞のあり方に影響しないのが原則であるが、この種の接頭辞は、「無神経だ」、「非常識だ」のように、名詞からナ形容詞を派生させることがある。

3節　名詞性接尾辞

1　名詞性接尾辞には、名詞に付くもの、名詞・ナ形容詞に付くもの、イ形容詞に付くもの、動詞に付くもの、等がある。このうち、名詞に付くものには、次のような例がある。

◆ 丁寧さを表すもの

「さん (「鈴木さん」)、君 (「太郎君」)」

◆ 数といっしょに用いられるもの (「助数辞」と呼ぶ。Ⅱ部6章3節1参照)

● 対象の種類を表すもの (「類別辞」と呼ぶ。)

「つ (「1つ」)、羽、個、人、本、冊、台、匹、頭」(Ⅱ部6章3節1、Ⅲ部3章5節参照)

● 度量衡の単位を表すもの：「メートル、グラム、円、時、歳」

● 回数、倍数を表すもの：「度、回、遍、倍」

● 順序を表すもの：「番、等、位」

〈注2〉　この種の名詞性接尾辞に接続する、接尾辞的な語がある。「ほど」(「100人ほど」)、「頃」(「3時頃」)、「ずつ」(「一人ずつ」)、「あたり」(「一人あたり」)、「以上」(「5回以上」)、「未満」(「20歳未満」)、等がその例である(Ⅲ部8章9節3参照)。

◆ その他
「おき (「3日おき」)、ごと (「30分ごと」)、など (「教科書等」)、たち (「子供たち」)、がた (「先生方」)、だらけ (「泥だらけ」)、中 (「食事中」)、用 (「録音用」)、製 (「日本製」)、家 (「芸術家」)、者 (「司会者」)、代 (「部屋代」)」

2　名詞・ナ形容詞に付くものには、「性」(「植物性」、「重要性」)、「化」(「機械化」、「簡素化」)、等がある。

3　イ形容詞に付くものには、「さ」(「暑さ」)、「み」(「深み」)、等がある。
〈注3〉　「さ」は、「静かさ」、「残忍さ」のように、ナ形容詞に付くこともある。

4　動詞に付くもの (連用形に接続) には、「かた」(「読み方」)、「手」(「書き手」)、「たて」(「塗りたて」)、等がある。

4節　形容詞性接尾辞

1　形容詞性接尾辞は、イ形容詞性接尾辞とナ形容詞性接尾辞に分かれる。このうち、イ形容詞性接尾辞には、次のような例がある。

◆ 名詞に付くもの
「らしい (「子供らしい」)、い (「黄色い」)」

◆ 動詞に付くもの (連用形に接続)
「たい (「食べたい」、Ⅲ部6章8節参照)、やすい (「持ちやすい」)、よい (「書きよい」)、にくい (「わかりにくい」)、がたい (「忘れがたい」)、づらい (「読みづらい」)」
〈注4〉　「やすい」「にくい」は、(イ) や (ロ) のように対象の属性を表す場合と、(ハ) のように人の経験を表す場合がある。
　　　　(イ)　この本は読みやすい。

　　　　　（ロ）　この鋏は切りやすい。

　　　　　（ハ）　昨夜は寝つきにくかった。

　◆名詞、形容詞、動詞（連用形に接続）に付くもの

　　「くさい（「教師くさい」、「古くさい」、「照れくさい」）、ぽい（「ほこりっぽい」、「安っぽい」、「飽きっぽい」）」

2　ナ形容詞性接尾辞には、次のような例がある。

　◆名詞に付くもの

　　「的だ（「現実的だ」）」

　◆動詞（連用形に接続）、名詞に付くもの

　　「がちだ（「忘れがちだ」、「病気がちだ」）」

　◆動詞（連用形に接続）、形容詞に付くもの

　　「そうだ（「降りそうだ」、「悲しそうだ」、「元気そうだ」）」（Ⅲ部6章9節6参照）

　　〈注5〉　イ形容詞の中で、「よい」と「ない」は、接尾辞「そうだ」が付く場合に、「よさそうだ」、「なさそうだ」という形を取る。

5節　動詞性接尾辞

1　動詞性接尾辞には、動詞に付くもの、イ形容詞に付くもの、名詞に付くもの、等がある。このうち、動詞に付くものには、活用語幹に接続する'(r)areru'、'(s)aseru'、'(rar)eru'（Ⅲ部4章1節参照）や、連用形に接続する「ます」、「得る」、等がある。

　　活用語幹に接続する'(r)areru'等は、母音動詞と同じ形で活用する。例えば、「読まれる」、「読ませる」、「読める」の活用語幹は、それぞれ「読まれ」、「読ませ」、「読め」である（Ⅱ部2章3節参照）。

　　「ます」、「得る」の活用は、次の通りである。

「ます」の活用

基本系形態	タ系形態
基本形「ます」	タ形「ました」
意志形「ましょう」	タ系条件形「ましたら」
	タ系連用形（テ形、タリ形）「まして」、「ましたり」

〈注6〉　「ます」の否定の基本形は「ません」、否定のタ形は「ませんでした」、否定のテ形は、「ませんで」となる（本章6節1、Ⅴ部1章2節2参照）。

「得る」の活用

基本系形態	タ系形態
基本形「うる」	タ形「えた」
基本条件形「うれば」	タ系条件形「えたら」
	タ系連用形（テ形、タリ形）「えて」、「えたり」

〈注7〉　「得る」の否定の基本形は、「えない」となる（本章6節1参照）。

2　イ形容詞に付くものには、「がる」（「悲しがる」、Ⅲ部2章3節3参照）、「む」（「悲しむ」）、「まる」（「深まる」）、「める」（「深める」）、等がある。

3　名詞に付くものには、「ばむ」（「汗ばむ」）、「ぐむ」（「涙ぐむ」）、「びる」（「大人びる」）、「めく」（「春めく」）、等がある。これらは、いずれも生産性の低いものばかりである（Ⅱ部1章4節3参照）。

6節　特殊な接辞

1　否定を表す接尾辞として、「ない」が用いられる（Ⅲ部7章参照）。「ない」は、すべての述語に付くことができる。述語と「ない」の接続の形は、次の通りである。

動詞については、子音動詞の場合は、「活用語幹（基本系語幹）＋'a-nai'」の形で、母音動詞の場合は、「活用語幹＋'nai'」の形で、それぞ

れ表される。例えば、子音動詞「飲む」、母音動詞「食べる」の否定の形は、それぞれ「飲まない」('nom' + 'anai')、「食べない」('tabe' + 'nai')となる（II部2章3節参照）。

〈注8〉　「する」、「来る」の否定の形は、それぞれ「しない」、「こない」である。

イ形容詞については、「連用形＋（「は」＋）「ない」」の形で表される。例えば、「寒い」の否定の形は「寒く（は）ない」となる（II部3章4節参照）。

また、ナ形容詞と判定詞については、「テ形＋（「は」＋）「ない」」の形で表される。例えば、「勤勉だ」、「学生だ」の否定の形は、それぞれ「勤勉で（は）ない」、「学生で（は）ない」となる（II部3章4節、4章2節1参照）。

「ない」の活用は、イ形容詞の活用に準じる（II部3章4節参照）。具体的には、次の通りである。

「ない」の活用

基本系形態	タ系形態
基本形　'(a)nai'	タ形　'(a)nakatta'
基本条件形　'(a)nakereba'	タ系条件形　'(a)nakattara'
基本連用形（連用形） 　'(a)naku'	タ系連用形（テ形、タリ形） 　'(a)nakute' '(a)nakattari'

〈注9〉　動詞に付く場合には、連用形に '(a)naku' の形の他に '(a)zu' の形が、テ形に '(a)nakute' の形の他に '(a)naide'、'(a)zuni' の形がある。「する」と「来る」については、「せず（に）」、「こず（に）」となる（IV部4章5節参照）。

また、慣用表現においては、「何食わぬ顔で」のように、連体形 '(a)nu' の形が用いられることがある。

2　動詞性接尾辞に「すぎる」がある。「すぎる」は、「食べすぎる」、「大きすぎる」、「きれいすぎる」のように、動詞の連用形、形容詞の語幹に付いて量・程度が必要以上に多い・高いことを表す。否定辞「ない」に

接続するときは、「なさすぎる」となる。

(1)　あまりたくさん食べすぎて、お腹をこわさないようにして下さい。

(2)　結果がよすぎるのも困るが、よくなさすぎるのはもっと困る。

〈注10〉「すぎる」が表す量・程度の過剰は、それが直接付いている述語でなくて離れた要素であってもよい。

(イ)　大きな仕事を狙いすぎると失敗することもある。

3　動詞、イ形容詞の連用形は、そのままの形で名詞として使われることがある。この場合、無形の名詞性接尾辞が付いたものとして扱うこともできる。

動詞の連用形が名詞として使われる例としては、「晴れ、行き、踊り、盗み、流れ、すり」等がある。

イ形容詞の連用形が名詞として使われる例としては、「遠く、近く、多く」等がある。これらの名詞は一般の名詞と同じく、「近くの店」や「多くの人」のように、接続助詞「の」を介して名詞を修飾することができる（Ⅲ部9章1節参照）。

〈参考文献〉

影山太郎『文法と語形成』1章（1993、ひつじ書房）

阪倉篤義「接辞とは」『日本語学』5巻3号（1986）

鈴木重幸『形態論・序説』1部（1996、むぎ書房）

玉村文郎『日本語教育指導参考書13　語彙の研究と教育（下）』（1985、国立国語研究所）

仁田義雄「単語と単語の類別」仁田義雄・益岡隆志編『日本語の文法1』（2000、岩波書店）

村木新次郎『日本語の品詞体系とその周辺』1部（2012、ひつじ書房）

森岡健二「接辞と助辞」『日本語学』5巻3号（1986）

第 14 章 補説

この章では、第Ⅱ部で述べてきた事項に関する補足的説明を行う。

1節 活用

　文の中心要素である述語は様々な形を取って現れる。例えば「食べる」で言えば、「食べるだろう、食べるから、食べられる、食べたい、食べろ、食べた」等、実に多彩な形を取ることができる。これらの形の中で「食べ」の部分は不変であるが、それ以外の「る、だろう、から、られる、たい、ろ、た」という部分をどのように捉えればよいであろうか。

　これらの要素に対しては、3つの見方が考えられる。第1に、助動詞・助詞という独立の語と考える見方、第2に、派生語尾と考える見方、そして第3に、活用語尾と考える見方である。

　このうち助動詞・助詞とみなすものは、本書では、一部の例外を除いて、単独で文末の述語の働きができる形式に接続するものに限ることとした。したがって、先の例では、「食べる」（及び、「食べた」）という形式に接続できる「だろう」と「から」が助動詞・助詞とみなされることになる。

　次に、「食べられる」や「食べたい」のような、当該の表現が全体として動詞や形容詞に相当すると見られる場合は、派生として扱うことにした。「られる」や「たい」を活用語尾に加えると、活用の体系が極めて複雑なものになってしまう。

　そして、助動詞・助詞でもなく、派生語尾でもないものが、活用語尾として扱われることになる。「食べる」「食べろ」「食べた」における

「る」「ろ」「た」のような要素がこれに該当する。

　なお、本書の活用形の立て方は、形が同じものは1つの活用形と考え、形が違えば活用形も異なると見る、「形態主義」とでも言うべき考え方に基づいている。例えば、学校文法等で区別される「終止形」と「連体形」は、本書では区別しないで「基本形」とする。

2節　派生

　派生というのは、ある語（の派生語基）に接辞が付いて別の語ができるというものであった。その意味で、派生は語のレベルの問題である。ところが、形ではなく意味の面から考えると、派生接辞の中には、語というよりも句に付加していると見られるものが少なくない。

　例えば、「金をほしさに……」という表現における接辞「さ」は、形の上では「ほし（い）」という語に付いているが、意味的には「金をほし（い）」という句に付加していると見ることができる。

　同様に、「中国料理を食べたい」、「中国料理を食べさせる」における「たい」、「させる」は、形の上では動詞に付いているが、意味の面から言えば「中国料理を食べ（る）」という句に付加していると考えられるわけである。

3節　形態素と異形態

　語は、「青」のように単一の要素だけからなることもあれば、「真っ青」のように複数の要素からなることもある。特定の意味や文法情報を表し、語を構成する「青」「真」のような要素を「形態素」と呼ぶ。

　形態素は他の種々の形態素と結合するとき、形を変えることがある。例えば、「真」は、「冬」「中」「青」と結合すると、「真冬」、「真中」、「真っ青」のように、「ま」「まん」「まっ」という形を取る。このような、1つの形態素の種々の異なった形を「異形態」と呼ぶ。

　異形態は、語の構造に関係する活用、派生、複合すべての場合に見ら

れる。「真」は派生（接辞）の例であるが、派生に関係する例をもう１つ挙げると、受動・使役の意味を表す「られる」「させる」がある。これらの形態素は、結合する動詞が子音動詞、母音動詞のどちらであるかによって形が異なる。

　活用に関わる例としては、テンスの意味を表す「た」がある。「た」は、結合する動詞の語幹の違いによって‘ta’と‘da’の形を取る。

　また、複合に関わるものとしては、後項の最初の音が濁音に変わるという例が挙げられる。例えば、「机」は、単独では「つくえ」となり、「勉強机」のような複合語では「づくえ」となる。

4節　語の分類

　品詞や品詞内部での下位分類のように、文法においては語を種類分けすることが必要であるが、種類分けをしようとするとき、多くの場合、類を完全に区分することは、実際には困難である。なぜなら、類に属するかどうかが程度の問題になるからである。

　例えば、「名詞」と「ナ形容詞」の区別は、実際にはそれほど明確なものではない。「いろいろだ」は、一応「ナ形容詞」に属すると見てよいであろうが、名詞を修飾する場合には、「いろいろな」という形だけでなく「いろいろの」という形を取ることができる。また、「病気だ」、「留守だ」は、一応「名詞＋判定詞」とみなしてよかろうが、意味の面からは、ナ形容詞の「健康だ」や「暇だ」に近い性格のものである。

　このように、ある類と別の類の間に絶対的な境界があるわけではないという点に注意しておく必要がある。

5節　同音異語と多義語

　「きく」という動詞は、“聞く・聴く”の意味でも使えるし、“利く・効く”の意味でも使えるが、これら２通りの意味の間にはつながりが認められないので、“聞く・聴く”の意味の「きく」と“利く・効く”の意味の

「きく」は、「同音異語」と呼ばれる。

　これに対して、"聞く"と"聴く"の間には意味的なつながりがあるので、これらは1つの語が「多義」を表すとされる。"利く"と"効く"の関係も同様である。

　このような、同音異語と多義語の区別は、助詞や助動詞のような機能語と呼ばれる語類において大きな問題となる。例えば、本書では格関係を表す「まで」、取り立てを表す「まで」、従属節を主節に接続する「まで」を別の語として扱ったが、実際には、1つの語と見ることもできる。このように、本書での同音異語と多義語の区別は、厳密なものではない。

〈参考文献〉
国広哲弥『日本語の多義動詞』(2006、大修館書店)
鈴木重幸『日本語文法・形態論』3章 (1972、麦書房)
鈴木重幸『形態論・序説』1部 (1996、むぎ書房)
仁田義雄「単語と単語の類別」仁田義雄・益岡隆志編『日本語の文法1』(2000、岩波書店)
村木新次郎『日本語の品詞体系とその周辺』1部 (2012、ひつじ書房)

第Ⅲ部　単文

　第Ⅲ部では、単文に関する文法事項を取り上げていく。これらの諸事項は主として、3つの分野にまたがるものである。第1に、述語に対する補足語と修飾語の問題である。この問題を1章から3章で扱う。すなわち、1章で補足語の問題を、2章で述語と補足語から成るいくつかの構文の問題を、3章で修飾語の問題を取り上げる。

　第2に、述語の部分で表される重要な文法概念を見ていく。具体的には、ヴォイス、テンス、アスペクト、モダリティ、という4つの概念を扱う。4章でヴォイスの問題を、5章でテンスとアスペクトの問題を、6章と7章でモダリティの問題を取り上げる。

　第3に、主として名詞に関係する文法事項を概観する。これには、提題・取り立ての問題、名詞句の構造の問題、指示の問題がある。これらの問題をそれぞれ8章、9章、10章で扱うことにする。

　以上の事項に加えて、さらに、11章から13章で省略・繰り返し・語順転換・縮約、分化文・未分化文、慣用句、の問題に触れることにする。

第1章　補足語

1節　基本的性格

　　述語が表す事態（動き・状態）に関係する人やものは、述語との関係を表す「格助詞」または「引用の助詞」を伴って表現される（Ⅱ部9章2節2参照）。このような、文の組み立てにおいて述語を補う働きをする「名詞＋格助詞」と「名詞＋引用の助詞」の形式を「補足語」と呼ぶ（Ⅰ部2節3参照）。

　　（1）　太郎がその犬をポンと名付けた。

　　　　　（「太郎が」と「その犬を」が「名詞＋格助詞」の補足語、「ポンと」が「名詞＋引用の助詞」の補足語）

2節　格とその主な用法

1　　格助詞を伴う補足語は、格助詞の違いに応じて、「ガ格」、「ヲ格」、「ニ格」、「カラ格」、「ト格」、「デ格」、「ヘ格」、「マデ格」、「ヨリ格」、の9種類が区別される（Ⅱ部9章2節参照）。

　　補足語の述語に対する多様な関係を少数の格で表現しなければならないので、それぞれの格の用法は複雑なものになる。以下、2〜10で9種類の格の主な用法を掲げる。

　　〈注1〉　ガ格の「が」とヲ格の「を」は、提題助詞が後続する場合は、表面に現れない（Ⅲ部8章2節参照）。

　　　　　（イ）　太郎は花子と口論した。

2　　ガ格には、動きや状態の主体を表す用法と、状態の対象を表す用法が

ある。

動きや状態の主体を表す用法

(2)　会議が始まった。（動きの主体）

(3)　空が真っ暗だ。（状態の主体）

状態の対象を表す用法

(4)　兄はドイツ語ができる。

(5)　花子のどんなところが好きですか。

この用法が関係する述語には、「できる」、「ある」、「要る」のような、可能（能力）、所有、必要の意味を表す動詞や、「上手だ」、「多い」、「必要だ」、「ほしい」のような、可能（能力）、所有、必要、感情を表す形容詞がある（III部2章1節、3節、III部4章4節参照）。

3　ヲ格には、動作や感情を向ける対象を表す用法、移動の場所（通り道）を表す用法、移動の起点を表す用法がある。

動作や感情を向ける対象を表す用法

(6)　そろそろ会議を始めます。

(7)　関係者は事件の発覚を恐れた。

移動の場所を表す用法

(8)　歩道を歩くようにして下さい。

〈注2〉　場所の上を移動して行くという意味が明確でない場合には、ヲ格は現れにくい。

（イ）？子供たちはプールを泳いだ。（「プールで泳いだ」となる）

（ロ）　子供たちは50メートルプールを端から端まで泳いだ。

移動の起点を表す用法

(9)　私たちは学校を10時に出発した。

(10)　太郎は神戸で電車を降りた。

この場合、移動は意志的な動作である。無意志的な動作の場合にはヲ格は使えない（II部2章2節3参照）。

(11)　*本が書棚を落ちた。（「書棚から落ちた」となる）

4　ニ格は主として、人やものの存在場所、所有者、移動の着点、動作の相手、動作の対象、状態の対象、原因、移動動作の目的、事態の時を表す。

人やものの存在場所を表す用法（III部2章1節1参照）

（12）　砂場に子供がいる。

所有者を表す用法（III部2章1節2参照）

（13）　あなたには兄弟がいますか。

移動の着点を表す用法

（14）　私たちはようやく目的地に到着した。

（15）　太郎は神戸で電車に乗った。

動作の相手を表す用法

（16）　鈴木さんは、思い切って高津さんに相談した。

（17）　叔父は花子に小遣いを与えた。

動作の対象を表す用法

（18）　花子は親に泣きついた。

（19）　私に遠慮しないで下さい。

（20）　我々は信頼の回復に努めなければならない。

　　動作の対象をニ格で表す述語には主として、「吠える」、「泣きつく」のような、方向性を持つ動作を表す動詞、「遠慮する」、「味方する」のような、対人的態度を表す動詞、「努める」、「慣れる」のような、物事に対する態度を表す動詞がある。

状態の対象を表す用法

（21）　太郎は皆に親切だ。

（22）　私はこの記録に満足だ。

（23）　花子は数字に強い。

　　状態の対象をニ格で表す述語には主として、「親切だ」、「冷たい」のような、対人的態度を表す形容詞、「満足だ」、「熱心だ」のような、物事に対する態度を表す形容詞、「強い」、「詳しい」のような、能力を表す形

容詞がある。

原因を表す用法

 （24）　昨日は珍しく酒に酔った。

 （25）　その結果に大変失望した。（Ⅲ部 2 章 3 節参照）

移動動作の目的を表す用法（Ⅳ部 2 章 8 節参照）

 （26）　鈴木さんはつりに出かけた。

事態の時を表す用法（本章 6 節参照）

 （27）　この研究会はいつも土曜日に開かれる。

5 カラ格は主として、移動の起点、受け取りの動作の相手（ものの出どころ）、移動の起点としての動作の主体、時の起点、出来事の発端としての原因、判断の根拠、原料を表す。

移動の起点を表す用法

 （28）　箱の中から何かが出てきた。

 （29）　太郎は駅からタクシーで行った。

受け取りの動作の相手を表す用法

 （30）　花子は叔父から小遣いをもらった。

移動の起点としての動作の主体を表す用法

 （31）　鈴木さんにはあなたから伝えて下さい。

 この用法では、動作の主体がものの出どころとして捉えられている。

時の起点を表す用法（Ⅳ部 2 章 3 節参照）

 （32）　この店は朝 7 時から営業している。

出来事の発端としての原因を表す用法

 （33）　1 つのつまらないミスから計画が暗礁に乗り上げた。

判断の根拠を表す用法

 （34）　この事実から判断すると、あなたの見方は正しくないようだ。

原料を表す用法

 （35）　酒は何から作るか知っていますか。

 〈注 3〉　カラには、次の例のような、順序を表す用法がある。この場合、格関係は

一様でない。

（イ）　どの歌から歌いましょうか。（ヲ格の関係）

（ロ）　あなたから先に歌って下さい。（ガ格の関係）

（ハ）　近くの花から順に水をやった。（ニ格の関係）

6　　ト格には、共同動作の相手・随伴者を表す用法と、対称的関係における相手を表す用法がある（III部2章4節参照）。

共同動作の相手・随伴者を表す用法

（36）　太郎は花子と再会を約束した。

（37）　鈴木さんは高津さんと離宮公園に行った。

対称的関係における相手を表す用法

（38）　この問題はあの時解いた問題と同じだ。

7　　デ格は主として、出来事・動作の場所、道具・手段、材料、原因、範囲、限度、基準、動作の主体を表す。

出来事・動作の場所を表す用法

（39）　結婚式はホテルで行われた。

道具・手段を表す用法

（40）　赤いペンで下線を引く。

材料を表す用法

（41）　その子は紙で飛行機を作った。

原因を表す用法

（42）　太郎は風邪で学校を休んだ。

範囲を表す用法

（43）　日本では中学まで義務教育です。

限度を表す用法

（44）　100人で募集を打ち切る。

基準を表す用法

（45）　3枚で500円なら買います。

動作の主体を表す用法

（46）　Aデパートでは珍しい催しを計画している。

（47）　後は私たちでやります。

（48）　後は私の方でやります。

　この場合、動作の主体は組織・集団や場所の性格を持つものでなければならない。

8　へ格は、方向・目的地を表す。

方向・目的地を表す用法

（49）　この車は広島へ向かっている。

9　マデ格は、移動の終わる場所、事態の終わる時を表す。

移動の終わる場所を表す用法

（50）　かつては東京までバスで行ったものだ。

（51）　花子はその本を150ページまで読み進んだ。

事態の終わる時を表す用法（IV部2章3節参照）

（52）　3時まで待ちましょう。

10　ヨリ格は、比較の相手、時の起点を表す。

比較の相手を表す用法（III部2章5節、IV部2章10節4参照）

（53）　今年の夏は去年の夏より涼しかった。

時の起点を表す用法（硬い文体で用いる）

（54）　これより表彰式を行います。

3節　必須の格の配列型

1　それぞれの述語について、関係する事態を表すために必ず必要となる格の内容が定まっている。例えば、「与える」の場合であれば、「花子が子供におもちゃを与えた」のように、ガ格、ニ格、ヲ格の3つが必須の格である。

　〈注4〉　同じ述語でも、意味の違いによって、必須の格の内容が異なる場合がある。

　　　（イ）　調査員が鈴木さんにその点をたずねた。（ガ格、ニ格、ヲ格が必須
　　　　　　の格）

　　　（ロ）　調査員が鈴木さんの家をたずねた。（ガ格、ヲ格が必須の格）

2　　述語が必要とする格の配列には種々の型がある。次に、その中のいく
　　つかの例を掲げる。

動的述語の場合

◆ ガ格：（述語の例）「働く」、「こわれる」

（55）　おもちゃがこわれた。

◆ ガ格＋ヲ格：（述語の例）「こわす」、「悲しむ」

（56）　子供がおもちゃをこわした。

◆ ガ格＋ニ格：（述語の例）「謝る」、「驚く」（本章 2 節 4、III 部 2 章 3 節
　　参照）

（57）　一番前にいた男が私に謝った。

◆ ガ格＋ト格：（述語の例）「結婚する」、「口論する」（III 部 2 章 4 節参
　　照）

（58）　鈴木さんが高津さんと何度も口論した。

◆ ガ格＋ニ格＋ヲ格：（述語の例）「命じる」、「貸す」

（59）　誰があなたに出張を命じたのですか。

状態述語の場合

◆ ガ格：（述語の例）「きれいだ」、「忙しい」

（60）　誰が一番忙しいですか。

◆ ガ格（ニ格）＋ガ格：（述語の例）「できる」、「ほしい」（本章 2 節 2 参
　　照）

（61）　私にそんなことができると思いますか。

◆ ガ格＋ニ格：（述語の例）「熱心だ」、「詳しい」（本章 2 節 4 参照）

（62）　花子が経済問題に詳しいとは知らなかった。

◆ ガ格＋ト格：（述語の例）「等しい」、「違う」（III 部 2 章 4 節参照）

（63）　私の考え方があなたの考え方と違うことは否定しません。

4節　引用語

1　補足語の中で、「名詞＋引用の助詞「と」」で表されるものを「引用語」
と呼ぶ。

2　引用語を取る述語には主として、「いう」、「呼ぶ」、「名付ける」のよ
うな命名を表す動詞と、「みなす」、「考える」、「認める」のような判定
を表す動詞がある。

　　（64）　「箸」は、中国語で何といいますか。

　　（65）　私たちは今回の試みを失敗とは考えていない。

　〈注5〉　判定を表す動詞については、次の例のように、述語を含む形式が引用語に
　　　　なる場合がある（Ⅳ部1章4節4参照）。

　　　　（イ）　私たちは今回の試みを失敗だとは考えていない。

5節　格助詞相当句

1　いくつかの語で構成される句が、全体として格助詞に相当する働きを
することがある。このような句を「格助詞相当句」と呼ぶ。格助詞が多
様な用法を持っているのに対して、格助詞相当句は一般に、用法が限定
されている（Ⅲ部9章1節3参照）。

2　主な格助詞相当句の例を次に掲げる。

　◆格助詞「に」を含むもの
　　「について」、「に関して」、「にとって」、「によって」、「に対して」、
　　「において」、「に向かって」、「に沿って」、「につれて」、「にしたがっ
　　て」

　　（66）　太郎の言葉は私にとって大きな励みになった。

　◆格助詞「を」を含むもの
　　「をめぐって」、「を伴って」、「を通して（通じて）」、「を介して」

　　（67）　初日は、教育制度をめぐって議論が繰り広げられた。

　◆格助詞「と」を含むもの
　　「として」、「といっしょに」（Ⅲ部2章4節3参照）、「とともに」

　　　(68)　鈴木さんたちは太郎を客としてもてなした。

◆格助詞「まで」を含むもの

「までに」

　　　(69)　明日の正午までに報告書を提出して下さい。

〈注6〉　「まで」は、継続する事態の終了時点を表し、「までに」は、出来事・動作
　　　　の期限を表す（本章2節9、IV部2章3節参照）。

　　　（イ）　あさってまでこちらにいます。

　　　（ロ）　あさってまでに完成してほしい。

6節　時の名詞と格助詞「に」の有無

1　　ニ格は事態の時を表すことができる（本章2節4参照）。

　　　(70)　今回のマラソンは朝8時にスタートする。

2　　時を表す名詞は、格助詞「に」を伴うものと伴わないものに分かれ
　　る。「きょう」、「昨日」、「さっき」、「先月」、「来週」、「最近」のように
　　発話時点を基準として相対的に位置づけられる時を表すものは、「に」
　　を伴わない（「テンスの副詞」（II部8章5節）参照）。一方、「1988年」、
　　「9月」、「25日」、「3時」、「月曜日」のように絶対的な時点を表すものは、
　　「に」を伴う。

　　　(71)　太郎は最近コンピュータゲームに凝っている。

　　　(72)　太郎は1980年に大学を卒業した。

〈注7〉　これら2種の名詞が接続する場合は、後続する方の名詞の種類によって
　　　　「に」の有無が決まる。

　　　（イ）　展示会は先週の土曜日に始まった。

3　　時の名詞を文頭に置いて、その時点に何が起こったかを述べる場合に
　　は、絶対的な時点を表す名詞でも「に」を伴わない。

　　　(73)　1970年、大阪で万国博覧会が開かれた。

　　　(74)　先週の土曜日、街で昔の友人に会った。

〈参考文献〉

久野暲『日本文法研究』4章〜7章 (1973、大修館書店)

言語学研究会編『日本語文法・連語論 (資料編)』(1983、むぎ書房)

小矢野哲夫「名詞と格」北原保雄編『講座日本語と日本語教育4巻　日本語の文法・文体 (上)』(1989、明治書院)

寺村秀夫『日本語のシンタクスと意味 I』2章 (1982、くろしお出版)

仁田義雄『語彙論的統語論の観点から』4部 (2010、ひつじ書房)

藤田保幸・山崎誠編『複合辞研究の現在』(2001、和泉書院)

益岡隆志『命題の文法』2部 (1987、くろしお出版)

益岡隆志・田窪行則『日本語文法セルフマスターシリーズ3　格助詞』(1987、くろしお出版)

村木新次郎「格」仁田義雄・益岡隆志編『日本語の文法1』(2000、岩波書店)

第2章　注意すべき構文

1節　存在・所有の構文

1　人やものの存在を表す表現は、「(場所)ニ＋(存在の主体)ガ＋イル／アル」の構文を基本とする。存在の主体が、人または動物(「有情」の主体と呼ぶ)である場合には「いる」が、もの(「非情」の主体と呼ぶ)である場合には「ある」が、それぞれ用いられる。「いる」、「ある」は典型的な状態動詞である(Ⅱ部2章2節1参照)。

　　(1)　　あんなところに蠅がいる。

　　(2)　　あの辺にテニスコートがある。

　〈注1〉　「ある」は、出来事の発生を表すことがある。この場合、場所はデ格で表される(Ⅲ部1章2節7参照)。

　　　　(イ)　近くで事故があったらしい。

　　　　(ロ)　土曜日の3時から体育館で試合がある。

　〈注2〉　特定の場所での存在ということではなく存在そのものを問題にする場合、主体が有情のものであっても「ある」を使うことがある。

　　　　(イ)　こんなことを言う人がある。

　　存在の主体が主題になる場合には、「(存在の主体)ハ＋(場所)ニ＋イル／アル」の形式で表現される。

　　(3)　　太郎は今、図書館にいる。

　　否定の表現では、「いる」に対しては「いない」、「ある」に対しては「ない」(丁寧体では、「ありません」)が用いられる。「ない」はイ形容詞である(Ⅱ部3章参照)。

(4)　太郎は図書館にいない。

(5)　テニスコートはこの辺にはない。

2　所有の表現は、「(所有者)ニ＋(所有の対象)ガ＋アル／イル」の構文で表される。所有者(通常は有情の名詞)は、主題の形式を取るのが普通である。所有者が主題になる場合、格助詞の「に」は省略できる。

(6)　鈴木さん(に)は芸術の才能がある。

所有の対象が、非情の名詞の場合には「ある」が、有情の名詞の場合には「いる」(「ある」も使用可能)が、それぞれ用いられる。

(7)　太郎には優しいところがある。

(8)　花子は兄弟がいる(ある)。

3　所有の表現には、「いる・ある」を用いる構文に加えて、「持っている」を用いる構文(「(所有者)ガ＋(所有の対象)ヲ＋持ッテイル」)がある。所有の表現の中で、所有者の性質・特徴としての所有に重点がある場合は、「いる・ある」が使われやすい。一方、一時的な所有(時間的限定のある所有)は、「持っている」で表すことが多い。

(9)　太郎は財産がある。

(10)　太郎は手にラケットを持っている。

(11)　太郎は今、大金を持っている。

〈注3〉　所有者の外から観察できる特徴(身体的特徴等)を表す表現に、「〜をしている」という表現がある(Ⅲ部5章7節5参照)。

(イ)　花子はきれいな目をしている。

2節　授受の構文

1　「与える」、「貸す」、「売る」、「教える」等、相手側へのものの移動を表す動詞(「授与動詞」と呼ぶ)は、「(主体)ガ＋(相手)ニ＋(対象)ヲ＋動詞」の構文で用いられる。一方、「受け取る」、「借りる」、「買う」、「教わる」等、相手側からのものの移動を表す動詞(「受取動詞」と呼ぶ)は、「(主体)ガ＋(相手)カラ＋(対象)ヲ＋動詞」の構文で用いられる。

（12）　太郎は花子にお金を貸した。

（13）　花子は太郎からお金を借りた。

〈注4〉　受取動詞の中には、「借りる」、「教わる」、「学ぶ」のように、「相手」をニ
　　　　格でも表すことができるものがある。

　　　（イ）　花子は太郎にお金を借りた。

2　　ものの授受を表す動詞の中に、「あげる」（ぞんざいな文体では、「や
　る」）、「くれる」、「もらう」という1組の動詞がある。このうち、「あげ
　る」と「くれる」は授与動詞であり、「もらう」は受取動詞である。こ
　れらの動詞の特徴は、授受の主体と相手の間の人称関係に制限があるこ
　とである。すなわち、「1人称（「私」）>2人称（「あなた」）>3人称（それ以
　外）」という人称の序列に従って言うと、原則として、「あげる」と「も
　らう」では、主体の方が相手より人称の序列が上であり、「くれる」で
　は、相手の方が主体より人称の序列が上である。

　　（14）　私はその子にお菓子をあげた。（1人称の主体と3人称の相手）

　　（15）　あなたは鈴木さんに何をもらいましたか。（2人称の主体と3人
　　　　　称の相手）

　　（16）　鈴木さんは私に何をくれたと思いますか。（3人称の主体と1人
　　　　　称の相手）

　ただし、「あげる」と「もらう」については、主体と相手が共に3人称
　であってもよい。

　　（17）　太郎は花子にプレゼントをあげた。

　「あげる」等の動詞にこのような人称の制限が見られるのは、授受の事
　態を主体の側から見るのか、相手の側から見るのか、という見方の角度
　（視点）が問題になるからである。

〈注5〉　3人称の人物でも、身内等の、話し手に近い存在は1人称と同じように扱
　　　　うことができる。

　　　（イ）　あなたは太郎に何をくれたのですか。

　ちなみに、この点は、「行く」と「来る」の違いにも関係する。すなわ

ち、「行く」は移動を主体 (出発点) の側から、「来る」は相手 (到達点)
の側から見るのである。

(18)　(私は) あなたのところにすぐ行きます。

(19)　犯人はあなたのところに来ましたか。

(20)　太郎は花子のところに行った／来た。

3　動詞のテ形に「あげる」(「やる」)、「くれる」、「もらう」が接続する
と、恩恵授受の表現が得られる (Ⅱ部 2 章 4 節参照)。恩恵授受の表現と
は、当該の動作・出来事により恩恵 (好ましい結果) の授受が生まれるこ
とを表すものをいう。授受表現と同じ人称の制限が見られる。

(21)　私は鈴木さんに答えを教えてあげた。

(22)　鈴木さんは私に答えを教えてくれた。

(23)　私は鈴木さんに答えを教えてもらった。

受益者 (動作・出来事から恩恵を受ける人) がどのような格で表され
るかは、動作・出来事にどのように関わるかによって決まる。次にいく
つかの例を示す。

(24)　私は花子に助けてもらった。(受益者はガ格)

(25)　花子は私を助けてくれた。(受益者はヲ格)

(26)　花子は私に本を貸してくれた。(受益者はニ格)

(27)　太郎たちは私のためにパーティーを開いてくれた。(受益者は
　　　「のために」の形式で表されている)

〈注6〉　相手に対する恩恵の授与を表す「〜てあげる」(「〜てやる」) という表現
　　　は、相手に敬意を表したい場合には、適切な表現ではない。一般に、「〜て
　　　あげる」(「〜てやる」) は、「〜てくれる」、「〜てもらう」に比べて使用頻度
　　　が低い。

　　　これとは対照的に、1 人称の恩恵の受け取りは好んで表現される。そのた
　　　め、次のような表現は通常、不自然である。

　　　(イ) ?太郎は私に答えを教えた。(→太郎は私に答えを教えてくれた。)

4　「〜てもらう」の表現は使役表現 (働きかけの使役) に対応する場合と、

受動表現に対応する場合がある（III部4章2節、3節参照）。

(28)　花子に代わりに行ってもらった。

　　　（「花子に代わりに行かせた」（使役表現）に対応する）

(29)　皆に絵を誉めてもらった。

　　　（「絵を誉められた」（受動表現）に対応する）

「行ってもらった」のような恩恵授受表現は、「行かせた」のような使役表現に比べて、相手の意志を尊重する点でより丁寧な表現になる。

3節　感情の構文

1　人の感情・感覚を表す形容詞、動詞を、それぞれ「感情形容詞」（II部3章2節参照）、「感情動詞」と呼び、両者を合わせて「感情述語」と呼ぶ。感情述語を取る構文には、多くの場合、感情の主体と感情を向ける対象（または、感情を起こす原因）の2者が関与する。

(30)　私はその人が憎かった。（感情形容詞）

(31)　私はその人を憎んだ。（感情動詞）

感情の主体だけが関与する場合もある。

(32)　私はとても寂しかった。

2　感情形容詞を取る構文は、感情・感覚の直接的表出の表現である。そのため、主観性が強く、主体は1人称（疑問文では2人称）を基本とする（II部3章2節参照）。

(33)　私は歯が痛い。

(34)　?花子は歯が痛い。

ただし、小説等において人物の内面を描くような場合は、3人称も主体になることができる。

(35)　花子は歯が痛かった。

〈注7〉　接続節では、3人称も主体になることがある。この場合、感情・感覚の直接的表出の表現ではない。

　　　　（イ）　歯が痛い人はいますか。

3　感情形容詞に比べて、感情動詞は相対的に主観性が弱く、感情の主体は1人称に限らない。感情動詞には、「（感情の主体）ガ＋（対象）ヲ＋動詞」の構文を取るもの（A型）と、「（感情の主体）ガ＋（原因）ニ＋動詞」の構文を取るもの（B型）がある。

（36）　太郎はその不幸な出来事を非常に悲しんでいる。

（37）　次郎はその出来事に驚いた。

A型の感情動詞には、「嫌う」、「憎む」、「悲しむ」、「懐かしむ」、「恐れる」、等が、B型の感情動詞には、「驚く」、「おびえる」、「困る」、「感動する」、「失望する」、等がある。両者の相違は、主として、A型が相対的に能動的、持続的な事態を表し、B型が相対的に受動的、一時的な事態を表す点にある。

〈注8〉　感情形容詞から感情動詞を派生する接尾辞に「がる」がある（II部13章5節2参照）。「がる」を取る感情動詞は、感情・感覚の外への現れを表す、客観性の強い表現である。

（イ）　太郎は新車をほしがっている。

1人称の感情・感覚を表す場合には、主観性の強い感情形容詞の表現の方が好まれる。

（ロ）　?私は新車をほしがっている。

（ハ）　私は新車がほしい。

4節　対称性の構文

1　関係する2者のどちら側から見ても同じ事態が成立するという性質を「対称性」と呼ぶ。例えば、「鈴木さんが高津さんと協議した」という表現は、「高津さんが鈴木さんと協議した」と言い換えても同じ事態を表すので、対称性を持っている。対称性を持つ述語（「対称述語」と呼ぶ）には、動的述語の中の「結婚する」、「会う」、「相談する」、「争う」、「衝突する」、等と、状態述語の中の「等しい」、「一致する」、「異なる」、「反対だ」、「関連する」、等がある。

〈注9〉　対称述語を取る構文は、対称的な関係にある2者を並列することもできる
（Ⅲ部9章3節参照）。

（イ）　鈴木さんと高津さんが協議した。

2　対称性を持った動的述語は相互的動作を表し、「（主体）ガ＋（相手）ト＋述語」の構文か、「（主体）ガ＋（相手）ト＋（対象）ヲ＋述語」の構文で用いられる。

（38）　太郎は花子と結婚するようだ。

（39）　次郎は三郎と優勝を争った。

〈注10〉　対称性を持たない動詞が「あう」と複合する（「動詞の連用形＋「あう」」、Ⅱ部2章4節参照）ことで、対称述語が作られる。例えば、「非難する」は対称性を持たないが、「非難しあう」は対称性を持つ。

（イ）　太郎は花子を激しく非難した。

（ロ）　太郎は花子と激しく非難しあった。

〈注11〉　「会う」、「相談する」、「衝突する」、等は、主体から相手への一方的な動作を表すこともある。この場合、相手はニ格で表される（Ⅲ部1章2節4参照）。

（イ）　太郎は鈴木先生に相談した。

対称性を持つ状態述語は、「（主体）ガ＋（相手）ト／ニ＋述語」の構文で用いられる。ただし、「異なる」、「違う」、「反対だ」のような相違性を表現する述語は、相手をニ格で表すことはできない。

（40）　その話は太郎の話と／に一致する。

（41）　その話は太郎の話と異なる。

（42）＊その話は太郎の話に異なる。

3　「〜と」は、対称述語の構文における相手を表す他に、主体の動作に随伴する者を表すことができる。この場合は、「〜といっしょに」で言い換えることが可能である。

（43）　太郎は花子と／といっしょに演奏会に出かけた。

（44）？太郎は花子といっしょに結婚した。

ただし、「〜といっしょに」が無意志動詞の構文でも使えるのに対し

て、「～と」は意志動詞の構文でしか使えない（Ⅱ部2章2節3参照）。

(45)　バットがボールといっしょに飛んできた。

(46)　*バットがボールと飛んできた。

5節　比較の構文

1　性質や数量等について程度が問題になるときは、複数の人やものの間で比較することができる。比較には2者が関係する場合と、3者以上が関係する場合がある。

(47)　日本はイギリスより少し面積が広い。（2者の比較）

(48)　四季の中では、秋が一番好きだ。（3者以上の比較）

2　2者の比較の基本的な表現には、「～より（も）」の形式（Ⅲ部1章2節10参照）を用いるものと、形式名詞「ほう」（Ⅱ部6章4節参照）と「～より（も）」をいっしょに用いるものがある。

(49)　言うのは実行するより簡単だ。

(50)　考えることより書くことのほうが大変だ。

程度の副詞の中には、2者の比較の表現に用いられるものがある（Ⅱ部8章3節参照）。

(51)　平日より週末のほうがはるかに忙しい。

2者の比較の否定表現は、「～「ほど」＋述語（否定形）」の構文で表される。

(52)　平日は週末ほど忙しくない。

2者の間の相対的な程度が等しいときは、「同じくらい（ぐらい）」という表現を用いる。

(53)　太郎は花子と同じくらい歌が上手だ。

2者の比較が関係する疑問表現では、「どちら（のほう）」という形式が使われる。

(54)　太郎と花子では、どちら（のほう）が歌が上手ですか。

3　3者以上の比較の表現は、「～「の中で／のうちで」＋「一番／最も」

　　　　+〜+述語」の構文を基本とする。

　　（55）　これらの問題の中で、1番早く解決しなければならないのは資
　　　　　金の問題だ。

　　（56）　A氏とB氏とC氏のうちでは、C氏が最も適任だと思う。

　3者以上が関係する比較の疑問表現は、比較される対象の種類によっ
て、用いる疑問の形式が異なる。すなわち、対象が人（人名詞）である
場合は「誰」が、物・事態（物名詞・事態名詞）である場合は「何」ま
たは「どれ」が、場所（場所名詞）である場合は「どこ」が、方向（方向
名詞）である場合は「どちら」が、時（時間名詞）である場合は「いつ」
が、それぞれ用いられる（II部6章2節参照）。物・事態の場合における
「何」と「どれ」の使い分けは、明確な選択肢が存在すれば「どれ」が使
われ、そうでなければ「何」が使われるのが原則である（II部6章2節、
7章3節参照）。

　　（57）　今週の月曜日、火曜日、水曜日の中では、いつが一番都合がよ
　　　　　いですか。

　　（58）　果物の中では、何が一番好きですか。

　　（59）　牛肉と豚肉と鶏肉では、どれが一番好きですか。

　〈注12〉「何」と「どれ」の使い分けに関して、明確な選択肢が存在していても、選
　　　　択の対象が抽象度の高いものである場合には、「何」が用いられることがあ
　　　　る。

　　　（イ）　真善美の中で、あなたにとっては何が最も大切ですか。

4　比較が関係する慣用句及び慣用的表現には、「〜ほうがよい／いい」、
　「〜述語の基本条件形＋述語の基本形＋「ほど」」、「〜と／に比べて、比
　べれば、比べたら、比べると」、「〜と同じく、同様に」、「〜と違って」、
　等がある。

　　（60）　説明は簡潔なほうがよい。

　　（61）　家には早く帰る／帰ったほうがいい。

　　（62）　返事は、早ければ早いほど助かります。

(63)　例年の夏に比べて、今年の夏は涼しかった。

(64)　去年の冬と同じく、今年の冬も暖かかった。

〈注13〉　(60)のように、「ほうがよい」が動的述語といっしょに使われるときは、「基本形」と「タ形」（Ⅱ部2章3節参照）の両方が現れる。ただし、具体的な場面で聞き手に行為を促す場合には、「今すぐ帰ったほうがよい。」のように、「タ形」を用いる（Ⅲ部6章3節3参照）。なお、動的述語でも否定表現では、「まだ帰らないほうがよい。」のように、「基本形」を用いる。

6節　変化の構文

1　主体や対象の状態の変化を表す構文を「変化の構文」と呼ぶ。変化の構文は形容詞の連用形、「名詞＋判定詞の連用形」、「動詞の基本形＋「ように」」、に「なる／する」を接続させて作る。

(65)　もう少し安くして下さい。

(66)　美智子さんきれいになったね。

(67)　息子を言語学者にしたいなんて。

(68)　最近、やっと納豆がおいしく食べられるようになった。

(69)　自動的にスイッチが入るようにした。

2　主体の状態変化を表す場合には「なる」を、対象の状態変化を表す場合には「する」を用いる。したがって、「なる」と「する」は、自動詞と他動詞の対をなす（Ⅱ部2章2節2参照）。

(70)　この店のサンドイッチは最近少し小さくなった。

(71)　材料費が上がったので、店の主人はサンドイッチを少し小さくした。

〈注14〉　「する」は、次の例のように、事態の実現への努力や事態の維持の努力を表すことがある。

(イ)　もう少し静かにしなさい。

(ロ)　早く起きるようにしなさい。

(ハ)　花子はその時おとなしくしていたらしい。

3　対象の状態変化を引き起こす主体が、人でなくて、事態である場合、「なる」と対をなす他動詞として、「させる」が用いられることがある。「させる」は主として、他人が直接変化を引き起こすことができない、感情を表す述語と共に用いられる。

　　（72）　その話は花子を悲しくさせた。

　　この用法の「させる」は、主として小説で用いられる。

4　「なる／する」が否定を表す接辞「ない」に接続する場合も、原則として、「ない」の連用形「なく」の形が用いられる（II部13章6節1参照）。

　　（73）　田中さんは、この会に来なくなった。

　　（74）　急に、国に帰らなくてはならなくなった。

　　〈注15〉　ただし、注14のように、「する」が努力の意味で用いられる場合は、「〜なく」ではなく、「〜ないように」の形が用いられる。

　　　　（イ）　お母さんから離れないようにしなさい。

〈参考文献〉

池上嘉彦『「する」と「なる」の言語学』（1981、大修館書店）

金水敏『日本語存在表現の歴史』1部1章（2006、ひつじ書房）

久野暲『談話の文法』2章（1978、大修館書店）

寺村秀夫『日本語のシンタクスと意味I』2章（1982、くろしお出版）

西山佑司『日本語名詞句の意味論と語用論：指示的名詞句と非指示的名詞句』9章（2003、ひつじ書房）

仁田義雄『語彙論的統語論の観点から』2部（2010、ひつじ書房）

山田敏弘『日本語のベネファクティブ：「てやる」「てくれる」「てもらう」の文法』（2004、明治書院）

第3章 述語の修飾語

1節 述語を修飾する種々の表現

1 　述語を修飾する表現には種々のものがあるが、その中で、もっぱら述語の修飾語として働くのが副詞（例えば、「きっぱり」、「かなり」、「たくさん」、「かつて」、「たいてい」）である（II部8章参照）。

　　　(1)　鈴木さんはその申し出をきっぱり断った。

2 　述語の修飾語として働くことができるものには、副詞の他に、形容詞の連用形（II部3章4節参照）、動詞のテ形（II部2章3節参照）、デ格（III部1章2節7参照）、数量名詞（II部6章3節参照）、等がある。

　　　(2)　鈴木さんはその申し出を簡単に断った。（形容詞の連用形）

　　　(3)　花子は急いで食事の用意をした。（動詞のテ形）

　　　(4)　太郎は大声で助けを求めた。（デ格）

　　　(5)　子供が3人遊んでいる。（数量名詞）

3 　副詞の中には、文全体に対する修飾語として働くもの（「文修飾副詞」、II部8章参照）がある。

　　　(6)　あいにく、雨が降りだした。

　　　同様の働きをするものに、形容詞の連用形、文修飾副詞に相当する句（「文修飾副詞相当句」と呼ぶ）がある。

　　　(7)　珍しく、大雪が降った。（形容詞の連用形）

　　　(8)　幸いなことに、鈴木さんがその人の知合いだった。（文修飾副詞相当句）

2節　形容詞の連用形

1　　形容詞の連用形は、様態の副詞（Ⅱ部8章2節参照）と同様に、動きの
ありさまを表すことがある。

　　（9）　　もう少し速く走りなさい。

　　（10）　太郎は鈴木さんの話を真剣に聞いた。

　　〈注1〉　様態を表す形容詞の連用形の中には、表現者の主観的な評価を伴うものが
　　　　　　ある。

　　　　　　（イ）　菊の花が見事に咲いている。

2　　形容詞の連用形は、次の例のような、知覚・判定を表す動詞を述語と
する表現においては、対象の状態を表す。この場合、修飾語と言っても、
省略することはできない。

　　（11）　山の緑が美しく見える。

　　（12）　私にはその話が不思議に思われた。

　　（13）＊私にはその話が思われた。

　　〈注2〉　判定詞の連用形（Ⅱ部4章2節参照）も同じ用法を持つ。

　　　　　　（イ）　花子はまだ学生に見える。

3　　形容詞の連用形はまた、変化後の状態を表すことがある。これには、
主体の変化後の状態を表す場合と、対象の変化後の状態を表す場合があ
る（Ⅲ部2章6節参照）。

　　述語が主体の変化を表す動詞（Ⅲ部5章7節参照）である場合には、主
体の変化後の状態が表される。

　　（14）　西の空が赤く染まった。

　　（15）　布がボロボロに破れた。

　　述語が対象の変化を表す動詞（Ⅲ部5章7節参照）である場合には、対
象の変化後の状態が表される。

　　（16）　夕日が西の空を赤く染めた。

　　（17）　花子は布をボロボロに破った。

3節　動詞のテ形

1　動詞のテ形は、「急いで」、「喜んで」のように、動きのありさまを表すことがある。

　　(18)　高津さんはその仕事を喜んで引き受けた。

　〈注3〉　次の例における「極めて」、「改めて」等は、動詞とは独立の語（副詞）と見ることができる。

　　　　(イ)　今年中の完成は極めて困難だ。

　　　　(ロ)　この問題については、次回に改めて検討しましょう。

2　動詞のテ形は、また、知覚を表現する構文において、対象の状態を表すことができる（本章2節2参照）。

　　(19)　花子は実際よりもやせて見える。

　　(20)　遠くに何かが光って見える。

　　この場合、「やせて」と「光って」は、動きそのものではなく、「やせている」、「光っている」という状態を表している（Ⅲ部5章7節参照）。

4節　様態を表すデ格

　　「大声で」、「～手つきで」、「独力で」のようなデ格は、動きのありさまを表すことができる。

　　(21)　太郎は慣れない手つきでシャツのボタンをぬい付けた。

　　(22)　鈴木さんは独力で必要な資金を集めた。

　〈注4〉　「名詞＋判定詞のテ形」（Ⅱ部4章2節参照）の形式と見られる「はだしで」、「一人で」のような表現も様態を表すことができる。

　　　　(イ)　その選手はいつもはだしで走る。

　　　　(ロ)　太郎はポツンと一人で立っていた。

　　　　さらに、次の例の「名詞＋デ」も、「名詞＋判定詞のテ形」の形式とみなすことができる。この場合、「名詞＋デ」は主体の性質や特徴を表し、（ホ）の例が示すように、省略することはできない。

　　　　(ハ)　あの人は独身で通すつもりらしい。

（ニ）　高津さんは若い頃、名投手で鳴らした。

（ホ）　*高津さんは若い頃鳴らした。

5節　数量名詞

1　名詞の中に、「3本」、「5頭」、「7枚」、「大勢」、「全員」のような、数量を表すものがある。数量を表す名詞の用法には主として、述語の補足語の働きをするもの（例（23））、名詞の修飾語の働きをするもの（例（24））、名詞に後接して数量を明示する働きをするもの（例（25））がある（Ⅱ部6章3節、Ⅲ部9章1節参照）。

（23）　全員が賛成するとは考えられない。

（24）　高津さんが飼っていた5頭の牛が次々に病気にかかった。

（25）　切手7枚を同封して、事務局に申し込むこと。

2　数量名詞は、述語の修飾語として用いることもできる（Ⅱ部8章4節参照）。

（26）　太郎は切手を500枚集めた。

この場合、数量名詞は原則として、ガ格またはヲ格の名詞の数量を表現する。

（27）　野次馬が大勢集まってきた。（「大勢」はガ格「野次馬」の数量を表す）

（28）　鈴木さんは新たに牛を5頭購入した。（「5頭」はヲ格「牛」の数量を表す）

〈注5〉　数量名詞が述語の修飾語の働きをする場合は、それが対象とする名詞は不特定のものであることが多い。例えば、（28）の「牛」は特定の5頭の牛を指しているのではない。

これに対して、数量名詞が名詞の修飾語として働く場合は、修飾される名詞は特定のものを指すことが多い。例えば、（24）における「牛」は、高津さんが飼っていた特定の牛を指している。

また、名詞を修飾する数量名詞が、「200キロの力士」のように、対象とな

る名詞の性質や特徴を表すこともある。この場合、数量名詞は述語の修飾語の位置には現れない。

（イ）　小さな力士が 200 キロの力士をつりだした。

（ロ）＊小さな力士が力士を 200 キロつりだした。

6 節　文の修飾語

1　　文の修飾語の働きをするものには、形容詞の連用形と文修飾副詞相当句がある。このうち、形容詞の連用形には主として、2 つの用法がある。

　　1 つは、概言・確言のモダリティと呼応する用法（Ⅱ部 8 章 6 節、Ⅲ部6 章 2 節、9 節参照）である。「確かに」、「明らかに」、等がその例である。

（29）　確かに、その話は間違っていないようだ。

（30）　明らかに、太郎は嘘をついている。

　　もう 1 つは、与えられた事柄に対する評価を表す用法（Ⅱ部 8 章 7 節参照）である。その例には、「珍しく（も）」、「不思議に（も）」、「奇妙にも」、「惜しくも」、「皮肉にも」、「残念にも」等がある。

（31）　不思議に（も）、誰も何も言わなかった。

（32）　皮肉にも、その時ちょうど花子がこちらを見ていた。

　　中には、動作の主体に対する評価を同時に表すものもある。例えば(33) の「賢明にも」は、鈴木さんに対する評価も表している。

（33）　鈴木さんは賢明にも、お金を多めに用意していた。

このような表現には他に、「親切にも」、「大胆にも」、「勇敢にも」、「生意気にも」、「愚かにも」、等がある。

2　　文修飾副詞相当句には主に、概言・確言のモダリティと呼応する（呼応の副詞に相当する）もの、与えられた事柄に対する評価を表す（評価の副詞に相当する）もの、発言の態度を表す（発言の副詞に相当する）ものがある（Ⅱ部 8 章 8 節参照）。

呼応の副詞に相当する句

　「間違いなく」、「疑いもなく」、「もしかすると」、「ひょっとすると」、等

　　（34）　もしかすると、鈴木さんは駅前で待っているかもしれない。

評価の副詞に相当する句

　「嬉しいことに（は）」、「有難いことに（は）」、「幸いなことに（は）」、「驚いたことに（は）」、「運悪く」、等

　　（35）　驚いたことに、会場は超満員だった。

発言の副詞に相当する句

　「正直言って」、「率直に言って」、「実を言えば」、「本当のところ」、「要するに」、等

　　（36）　正直言って、花子が手伝ってくれるとは思わなかった。

〈参考文献〉

北原保雄『日本語の世界6巻　日本語の文法』4章（1981、中央公論社）

小矢野哲夫「副詞の呼応」渡辺実編『副用語の研究』（1983、明治書院）

鈴木重幸『日本語文法・形態論』15章（1972、麦書房）

寺村秀夫『日本語のシンタクスと意味Ⅲ』8章（1991、くろしお出版）

仁田義雄『副詞的表現の諸相』（2002、くろしお出版）

益岡隆志『命題の文法』2部4章（1987、くろしお出版）

矢澤真人「副詞的修飾の諸相」仁田義雄・益岡隆志編『日本語の文法1』（2000、岩波書店）

第 4 章　ヴォイス

1 節　基本的性格

1　述語に受動を表す接辞 '(r)areru' や使役を表す接辞 '(s)aseru'（Ⅱ部 13
　　章 5 節 1 参照）が付くと、補足語の格が規則的に別の格に変わる。例え
　　ば、「子供を叱る」における ヲ格は、述語に受動の接辞が付くと、「子供
　　が叱られる」のように、ガ格に変わる。同様に、「子供が寝る」における
　　ガ格は、述語に使役の接辞が付くと、「子供を寝させる」のように、ヲ格
　　に変わる。

　　　このように、接辞の付加に伴って補足語の格が規則的に変更する現象
　　に関わる文法形式を「ヴォイス」（態）と呼ぶ。「子供が叱られる」のよう
　　な受動表現と「子供を寝させる」のような使役表現は、ヴォイスの代表
　　的な表現である。

　　　受動表現と使役表現に加えて、ヴォイスのもう 1 つの重要な表現とし
　　て、可能表現がある。可能表現においても、「外国語を話す」と「外国語
　　が話せる」の違いに見られるような、接辞 '(rar)eru'（Ⅱ部 13 章 5 節 1 参
　　照）の付加に伴う格の変更が関与する。

　　〈注1〉　可能表現で格が変更するのは、もとの動詞が他動詞（補足語に ヲ格を取る
　　　　　　もの、Ⅱ部 2 章 2 節 2 参照）の場合である。そうでない場合には、「外国に行
　　　　　　く」と「外国に行ける」の関係に見られるように、格の変更は関与しない。

2　受動の接辞・使役の接辞・可能の接辞と動詞の結合の形態を、次に掲
　　げる。

受動の接辞と動詞の結合

　　子音動詞（II部2章3節参照）の場合は、「基本系語幹＋'areru'」の形態となる。例えば、「書く」であれば、'kak＋areru'で「書かれる」となる。

　　母音動詞（II部2章3節参照）の場合は、「語幹＋'rareru'」の形態となる。例えば、「食べる」は、'tabe＋rareru'で「食べられる」となる。

使役の接辞と動詞の結合

　　子音動詞の場合は、「基本系語幹＋'aseru'」となる。例えば、「書く」は、'kak＋aseru'で「書かせる」となる。また、母音動詞の場合は、「語幹＋'saseru'」となる。例えば、「食べる」は、'tabe＋saseru'で「食べさせる」となる。

可能の接辞と動詞の結合

　　子音動詞と母音動詞は、それぞれ「基本系語幹＋'eru'」、「語幹＋'rareru'」となる。したがって、「書く」と「食べる」は、'kak＋eru'、'tabe＋rareru'で「書ける」、「食べられる」となる。

　　〈注2〉　ただし、話し言葉では、母音動詞の接辞が'tabe＋reru'のように、'reru'となることが多い（「ら抜き」と呼ばれる）。また、「する」と「来る」の受動、使役、可能の形態は不規則である。すなわち、「する」は、それぞれ「される」、「させる」、「できる」であり、「来る」は、それぞれ「こられる」、「こさせる」、「こられる」である。

2節　受動表現

1　受動表現では、動作・出来事を受ける人やものが主体となる。

　　（1）　太郎は朝早く電話で起こされた。

　　（2）　以前ここにあったビルが取り壊された。

　　受動表現は、（1）のように有情名詞（III部2章1節参照）が主体になる場合と、（2）のように非情名詞（III部2章1節参照）が主体になる場合がある。

　　このうち、有情名詞が主体になる受動表現については、（1）のように、

主体が動作を直接受ける場合（「直接受動表現」と呼ぶ）の他に、次の例のように、主体が、直接に関与していない出来事から間接的な影響（普通は、被害）を受ける場合（「間接受動表現」と呼ぶ）がある。

　　　（3）　鈴木さんは昨夜、一晩中子供に泣かれて困った。

2　直接受動表現では、動作・感情の対象や動作の相手が主体になる。動作・感情を向ける対象（Ⅲ部1章2節3、4参照）が主体となる受動表現には、次のような例がある。

　　　（4）　花子は見知らぬ人に呼び止められた。（「花子を呼び止める」）

　　　（5）　あなたは誰かに憎まれていますか。（「あなたを憎む」）

　　　（6）　太郎は子供に泣きつかれた。（「太郎に泣きつく」）

　動作の相手（Ⅲ部1章2節4参照）が主体となる受動表現には、次のような例がある。

　　　（7）　鈴木さんは特別賞を贈られた。（「鈴木さんに特別賞を贈る」）

　これらの受動表現に準じるものとして、主体の所有するものが動作を受ける表現がある。

　　　（8）　高津さんは名前を呼ばれた。（「高津さんの名前」）

　　　（9）　太郎は先生に絵をほめられた。（「太郎の絵」）

　　　（10）　花子は繁華街でバッグを奪われた。（「花子のバッグ」）

3　直接受動表現において動作を行う主体を表す場合は、ニ格で表現するのが一般的である。

　　　（11）　太郎は朝早く、友人に電話で起こされた。

　　　（12）　鈴木さんは部長に山のような書類を渡された。

　ただし、動作を行う主体がものの出どころ（「起点」、Ⅲ部1章2節5参照）である場合には、カラ格を用いることができる。

　　　（13）　鈴木さんは部長から山のような書類を渡された。

　　　（14）　太郎は思いがけず、花子から詩集を贈られた。

受け取るものが抽象的なものである場合でも、カラ格が使用できる。

　　　（15）　鈴木さんは部長から出張を命じられた。

　　　（16）　太郎は家族みんなから愛されている。

4　　間接受動表現は、有情の主体が、ある出来事から間接的に影響を被ることを表す。通常、好ましくない影響を被るので、「迷惑の受身」等とも呼ばれる。

　　　（17）　その人は娘に泣かれた。（「娘が泣いた」ことが迷惑）

　　　（18）　太郎は花子に先に問題を解かれた。（「花子が先に問題を解いた」ことが迷惑）

　　これらの例に示される通り、動作を行う主体はニ格で表される。

〈注3〉　好ましい影響の場合は、恩恵授受表現である「～てくれる」、「～てもらう」の形式が用いられる（III部2章2節3参照）。

5　　非情名詞が主体となる受動表現では、動作の対象がその主体となる。

　　　（19）　その法則は100年も前に発見された。（「その法則を発見する」）

　　　（20）　始業のベルが鳴らされた。（「始業のベルを鳴らす」）

　　この種の受動文では、動作を行う主体は表現されないことが多いが、表現される場合には、主として格助詞相当句（III部1章5節参照）の「によって」が用いられる。

　　　（21）　その法則は日本の若い科学者によって発見された。

〈注4〉　非情名詞を主体とする受動文が動作の主体を伴って表現されるものに、受動の主体の属性（性質や特徴）を述べる場合がある。この場合、動作の主体は「に」でも表せる。

　　　（イ）　日本語は、最近多くの外国人によって／に学習されている。

6　　述語の受動形がひとりでにある状態になるという意味（「自発」と呼ばれる）を表す場合がある。「感じる」、「思う」、「思い出す」、「考える」等の知覚・思考を表す動詞がこのような表現に関係する。次の（22）は受動表現であり、（23）は自発の表現である。

　　　（22）　太郎はみんなに陽気な人間と思われている。

　　　（23）　故郷がなつかしく思われる。

3節　使役表現

1　使役表現というのは、「花子が行く」に対する「太郎が花子を行かせる」のように、人やものがある事態を何らかの意味で引き起こすことを表す形式である。事態の引き起こし方には、大別すると、積極的な働きかけがある場合（「働きかけの使役」と呼ぶ）と、事態の生起を許容する場合（「許容の使役」と呼ぶ）がある。「太郎は強制的に花子を行かせた」のような表現は働きかけの使役の例であり、「太郎は黙って花子を行かせた」のような表現は許容の使役の例である。

〈注5〉　働きかけの使役は、相手の意志を尊重した表現ではない。相手の意志を尊重する場合には、「～てもらう」が用いられる（Ⅲ部2章2節3参照）。

（イ）　太郎は花子に行ってもらった。

2　使役表現において格がどのように現れるかは、自動詞からの使役の場合と、他動詞からの使役の場合とで異なる。

他動詞からの使役は、「ガ格（使役の主体）＋ニ格（動きの主体）＋ヲ格〜＋動詞の使役形」の構文で表される。

（24）　太郎が弟に荷物を運ばせた。

（25）　私に食事代を払わせて下さい。

自動詞からの使役は、「ガ格（使役の主体）＋ヲ格／ニ格（動きの主体）〜＋動詞の使役形」の構文となる。

（26）　花子は長女を／に買物に行かせた。

自動詞からの使役において、動きの主体がニ格を取ることができるのは、動詞が意志動詞（Ⅱ部2章2節3参照）の場合に限られる。

（27）　太郎は花子を泣かせた。（「花子に泣かせた」は、花子に指示してその動作をさせたという場合に限る。）

（28）　花子は果汁を凍らせてデザートを作った。（「果汁に凍らせた」は不可）

〈注6〉　働きかけの使役は、動詞が意志動詞の場合、受動表現になることができる。

　　　　（イ）　高津さんはその事件を調べさせられた。

　　　　この場合、動詞が子音動詞であれば、'～aserareru'の形よりも'～asareru'の形の方がよく使われる。例えば、「書かせられる」よりも「書かされる」の方が一般的である。

3　　使役表現の中には、無意志的な使役を表すものがある。これには、使役の主体が事態の原因になる場合（例えば、(29)）や、事態の発生に対する間接的な責任者とみなされる場合（例えば、(30)）がある。

　　（29）　1つの事故が交通を長時間渋滞させた。

　　（30）　私は野菜をうっかり腐らせてしまった。

4節　可能表現

1　　可能の意味を表す接辞'(rar)eru'は、動的動詞に付いて状態動詞（Ⅱ部2章2節1参照）を作る。例えば、「太郎は花子に会う。」が動きの表現であるのに対して、「太郎は花子に会える。」は状態の表現である。

　　状態述語の対象はガ格で表される（Ⅲ部1章2節2、3節2参照）ために、他動詞からの可能表現は、「(人)ニ／ガ＋(対象)ガ～＋動詞の可能形」の構文を取ることができる。

　　（31）　私に何が書けるだろうか。

　　（32）　3人の中で、誰が一番上手にピアノがひけますか。

2　　他動詞からの可能表現の場合、1で述べたように、対象はガ格で表すことができるが、それに加えて、もとの他動詞の格をそのまま受け継いで、「(人)ガ＋(対象)ヲ～＋動詞の可能形」の構文を用いることもできる。

　　（33）　今度の大会で新記録が／を出せますか。

　　（34）　誰が新記録が／を出せると思いますか。

　〈注7〉　接尾辞「たい」（Ⅱ部13章4節1参照）を持つ願望の表現（Ⅲ部6章8節参照）においても、対象はガ格とヲ格の両方で表すことができる。

　　　　（イ）　ビールが／を飲みたい。

3　可能の意味には、能力の可能と状況の可能がある。能力の可能とは、人が持っている行為実現の能力のことであり、状況の可能とは、ある状況における行為実現の可能性のことである。

（35）　太郎は100メートルぐらいは泳げる。（太郎の能力）

（36）　10時になりましたから、もう泳げます。（可能な状況）

〈注8〉　可能を表す形式は、述語がタ形になると、事態の実現を表すことができる（Ⅲ部5章2節参照）。したがって、（イ）は、過去の時点で500メートル泳ぐ能力を持っていたという意味と、ある時点で実際に500メートル泳いだという意味の、2通りの解釈が可能である。

　　（イ）　太郎は500メートルも泳げた。

可能表現には、対象の属性（性質や特徴）を表すものもある。

（37）　この魚は刺身では食べられない。

（38）　この鋏はよく切れる。

〈注9〉　述語の可能形が、ひとりでにある状態になるという自発の意味を表すことがある。（イ）は自動詞の可能形の例であり、（ロ）は他動詞の可能形の例である。

　　（イ）　こういう場面を見ると、ひとりでに泣けてくる。

　　（ロ）　この本はよく売れている。

4　可能（能力の可能と状況の可能）の意味は、「〜ことができる」という慣用句（Ⅳ部1章2節4参照）によっても表される。この場合、格の用い方は、もとの動詞の場合と同じである。

（39）　太郎はピアノを上手にひくことができる。

（40）　今、中に入ることができますか。

〈参考文献〉

奥津敬一郎「使役と受身の表現」山口明穂編『国文法講座6巻　時代と文法：現代語』（1987、明治書院）

川村大「受身・自発・可能・尊敬：動詞ラレル形の世界」尾上圭介編『朝倉日本語講座

　　6巻　文法 II』(2004、朝倉書店)

佐藤琢三『自動詞文と他動詞文の意味論』(2005、笠間書院)

柴谷方良「ヴォイス」仁田義雄・益岡隆志編『日本語の文法1』(2000、岩波書店)

高橋太郎「現代日本語のヴォイスについて」『日本語学』4巻4号 (1985)

寺村秀夫『日本語のシンタクスと意味 I』3章 (1982、くろしお出版)

早津美恵子『現代日本語の使役文』(2016、ひつじ書房)

益岡隆志『命題の文法』3部 (1987、くろしお出版)

村木新次郎『語彙論と文法論と』IV (2019、ひつじ書房)

第 5 章　テンスとアスペクト

1節　テンスの基本的性格

　　事態の時を発話時を基準にして位置づける文法形式を「テンス」という。テンスを表す最も重要な形式は、述語の基本形とタ形（Ⅱ部2章3節参照）である。タ形は「過去」の時を表現し、基本形は「現在」または「未来」の時を表現する。基本形は、また、時間を超越した事態を表すこともある。

　　〈注1〉　テンスを表す形式には他に、テンスの副詞（Ⅱ部8章5節参照）や時の名詞
　　　　　　（Ⅲ部1章6節参照）がある。なお、本章で扱うテンスは文末のテンスに限ら
　　　　　　れる。文末以外のテンスについては、Ⅳ部5章3節で述べる。

2節　基本形とタ形

1　述語の基本形とタ形がどのようなテンスの意味を表すかは、述語の種類（Ⅰ部2節2参照）によって異なる。

　　状態述語の場合、基本形は一般に、現在の状態か現在までの状態を表す。

　　(1)　あそこに誰かがいる。（現在の状態）

　　(2)　太郎はこの1週間ずっと病気だ。（現在までの状態）

　　基本形は、また、実現が確実な場合には、未来の状態を表すこともできる。

　　(3)　私は、明日は1日中忙しい。

　　一方、タ形は、過去の状態または過去のある時点までの状態を表す。

113

(4)　そこに誰かがいた。(過去の状態)

(5)　太郎は昨日までずっと病気だった。(過去のある時点までの状態)

2　動的述語の場合、基本形は一般に、未来の出来事・動作を表す。

(6)　来週の日曜日に運動会が行われる。

これに対して、夕形は一般に、過去の出来事・動作を表す。

(7)　先週の日曜日に運動会が行われた。

動的述語のテンスの詳細については、3節で述べる。

3　基本形には、時間を超越した事態を表す用法がある。これは、人やものの属性(性質や特徴)を表現する文に見られる用法である。

(8)　日本人は勤勉だ。

(9)　オリンピックは4年に1度開かれる。

(8)や(9)のような文は、問題の事態を時間の流れの中に位置づけることはしない。単に、対象が持つ何らかの属性を表現するだけである。

　基本形には、また、動作を発話時に関連づけることなく、一般化して表現する用法がある。説明文や脚本のト書き等に、そうした用法が見られる。

(10)　鍋にバターを溶かし、ベーコンを入れてよく炒める。

(11)　花子、右手から出て来て、舞台中央で止まる。

3節　動的述語のテンス

1　動的述語の基本形は、未来の出来事・動作の他に、現在の習慣、現在の知覚・思考、宣言・宣誓のような現在の行為、等を表す。

　習慣や反復される出来事・動作は、現在に及んでいる場合、基本形で表現される。

(12)　最近、よく散歩に出かけます。

(13)　ここのところ、3日に1度は雨が降る。

　発話時での知覚・思考の表現も、基本形で表される。この場合、知

覚・思考の主体は、平叙文では1人称、疑問文では2人称に限られる。

(14)　人の声が聞こえる。(私に聞こえる、という意味)

(15)　それは間違っていると思います。(私が思う、という意味)

基本形は、発話時での宣言・宣誓のような話し手の行為を表すこともできる。

(16)　開会を宣言します。

(17)　2度とこんなことをしないと約束します。

2　動的述語のタ形は、過去の出来事・動作を表すのを基本とする。例えば、「先週の日曜日に運動会が行われた。」という文は、過去の出来事を表現している。

これに対して、出来事・動作の実現の結果(終結)に重点が置かれると、過去の意味に加えて完了の意味が表される。「もう」、「既に」のような、完了の意味を表現する副詞(Ⅱ部8章5節参照)が用いられる場合や、発話時直前の出来事・動作が問題にされる場合、完了の意味が顕著になる。この場合、過去の特定の時点を明示することはできない。

(18)　もうレポートを提出しましたか。

(19)　さあ、目的地に着いたぞ。

(20) *昨日、もうレポートを提出しましたか。

〈注2〉　完了の意味が現れるのは、出来事・動作の終結点が明確な場合である。したがって、終結点が明確でない否定表現は、タ形で完了の意味を表すのは困難である。未完了の意味を表すには通常、テイル形の否定形を用いる(本章7節4参照)。

(イ) *まだ、レポートを提出しなかった。

(ロ)　まだ、レポートを提出していない。

4節　タ形のモダリティを表す用法

1　述語のタ形には、テンスを表す用法の他に、「モダリティ」(Ⅲ部6章参照)の用法がある。モダリティの用法には主として、発見・想起を表

現するもの、確認を表現するもの、命令を表現するものがある。

2　現在の状態がタ形で表される場合がある。これは主として、話し手がその事実に気づいたり思い出したりしたことの表明である。次の例のうち、(21)は存在の発見を表し、(22)は事態の想起を表す。

(21)　こんなところに財布があった。

(22)　明日は、休日だった。

判定詞文において話し手の確認の気持ちを表すときにも、タ形を用いることができる。例えば、(23)が普通の疑問文であるのに対して、(24)は、話し手の判断が正しいかどうかを確認する文である。

(23)　会議は明日も2時からですか。

(24)　会議は明日も2時からでしたね。

また、動作の表現においてタ形が命令表現として使われることがある。タ形を用いた命令表現は、一般に話し手の差し迫った気持ちを表す（Ⅲ部6章3節3参照）。

(25)　さあ、行った、行った。

5節　アスペクトの基本的性格

動きと状態（Ⅰ部2節2参照）の重要な違いは、状態が固定的・等質的であるのに対して、動きはその内部が変動的で、変化の様相が認められることである。動きは、開始、継続、終結、等の局面（段階）を問題にすることができる。

こうした、動きの展開の様々な局面（段階）を表す文法形式を「アスペクト」という。動的動詞（Ⅱ部2章2節1参照）は、種々のアスペクトの表現を持ち得る。

(26)　今、調べています。

(27)　ちょうど帰って来たところだ。

〈注3〉　動的動詞の基本形は、動きを展開の局面で捉えるのではなく、1つのまとまりとして捉える。

6節　アスペクトを表す諸形式

1　アスペクトの形式の1つは、「動詞のテ形＋イル、アル、シマウ、イク、クル」の複合動詞の形式（Ⅱ部2章4節参照）である。このうち、「テ形＋イル」（「テイル形」と呼ぶ）は、アスペクトの表現の中で最も重要なものである。この表現については、7節で述べる。

　　「テ形＋アル」の形式は、動作の結果としての対象の状態を表す。対象はガ格で表され、関係する動詞は、「飾る」、「置く」、「並べる」、「開ける」、「書く」のような、対象の状態の変化を表現する他動詞（Ⅲ部3章2節3参照）である。

　　(28)　入口に花が飾ってある。

(28)の例では、花が飾られた状態が表現されている。

〈注4〉　準備の意味を伴う場合は、このような動詞の制限はなく、対象がガ格で表されるという特徴も見られない。

　　　　（イ）　予め会場を予約してある。

　　「テ形＋シマウ」の形式は、動きの完了性を表す。もはやもとの状態には戻れない、という遺憾の意味が加わることもある。

　　(29)　早く食べてしまいなさい。

　　(30)　うっかり余計なことを言ってしまった。

　　「テ形＋イク」と「テ形＋クル」は、テ形が意志動詞（Ⅱ部2章2節3参照）の場合は動作の継続を、無意志動詞（Ⅱ部2章2節3参照）の場合は出来事の継続または状態の変化を、それぞれ表す。両者の違いは、「テ形＋イク」がある時点以後の事態を問題にし、「テ形＋クル」がある時点までの事態を問題にする点にある（Ⅲ部2章2節2参照）。

　　(31)　これからも、この人たちを見守っていくつもりだ。

　　(32)　経済が少し落ち着いてきた。

〈注5〉　「テ形＋イク」、「テ形＋クル」は、事態の接近・離反、動作の受け取り、接近・離反を伴う動作、等を表すこともある。

　　　　（イ）　知らない男が近づいて来た。

　　　　　（ロ）　友人が旅行に行ったときに撮った写真を送ってきた。

　　　　　（ハ）　あの店に寄って行きましょう。

2　　アスペクトを表すもう1つの形式は、「動詞の連用形＋ハジメル、ツヅ
　　ケル、オワルのような、動きの開始、継続、終結等を表す動詞」という
　　複合動詞の形式（Ⅱ部2章4節参照）である。

　　　動きの開始を表す形式には、「動詞の連用形＋「はじめる、だす、かけ
　　る、等」」がある。このうち、「だす」は、自動詞と結合し、事態の発生
　　を表す。「はじめる」と「かける」は、自動詞、他動詞のいずれとも結合
　　する。「はじめる」は開始一般を表し、「かける」は変化の初期の段階か
　　直前の段階を表す。

　　　（33）　突然、雨が降り出した。

　　　（34）　花子は1時間前にセーターを編みはじめた。

　　　（35）　太郎は重要なメモを破りかけた。

　　　動きの継続を表す形式には、「動詞の連用形＋「つづける」」がある。

　　　（36）　花子はずっと泣きつづけた。

　〈注6〉　　降雨の継続は、「つづく」を用いて表す。

　　　　　（イ）　1週間、雨が降りつづいた。

　　　動きの終結は、「動詞の連用形＋「おわる、おえる、やむ、等」」の形
　　式で表す。このうち、「おわる」は終結一般に、「おえる」は主として意
　　志的動作（Ⅱ部2章2節3参照）の終結に、「やむ」は主として出来事の終
　　結に用いられる。

　　　（37）　彼らが並びおわるまで待ちなさい。

　　　（38）　太郎は時間内に何とか答案を書きおえた。

　　　（39）　赤ん坊はなかなか泣きやまなかった。

3　　その他、アスペクトを表す語句に、「～ところだ」、「動詞の意志形
　　＋「とする／としている」」、「～ばかりだ」、「動詞の連用形＋「つつあ
　　る」」、等がある。

　　　「動詞の基本形＋「ところだ」」、「動詞の意志形＋「とする／としてい

る」」は、動きが開始直前の局面にあることを表す。

　　（40）　ちょうど出かけるところだ。

　　（41）　太郎は出かけようとした。

　「動詞のテ形＋「いるところだ」」、「動詞の連用形＋「つつある」」は、動きが継続中であることを表す。

　　（42）　その問題は現在、検討しているところだ。

　　（43）　経済は順調に回復しつつある。

〈注7〉　「つつある」は主として、テイル形が動きの結果を表す動詞（本章7節3参照）に付いて、継続状態を表したい場合に用いる。

　「動詞のタ形＋「ところだ、ばかりだ」」は、動きが終結直後の局面にあることを表す。

　　（44）　会議は今終わったところだ。

7節　テイル形の用法

1　テイル形の基本的な用法は、動きの継続の状態を表す用法と、動きの結果の状態を表す用法である。

　　（45）　太郎は音楽を聴いている。（動きの継続の状態）

　　（46）　家の前に大型トラックが止まっている。（動きの結果の状態）

2　動きの継続状態を表す用法とは、問題の時点以前に動きが始まり、その時点でまだ動きが終結していない状態を表す用法のことである。

　　（47）　太郎は今テレビを見ている。

　　（48）　花子は先月からずっと小説を書いている。

　テイル形が動きの継続状態を表すためには、動詞の表す動きが継続し得る性格のものでなければならない。したがって、「消える」、「到着する」のような、瞬間的に終結する動きを表す動詞は、テイル形が継続状態を表すことは一般にない。（49）は通常、動きの結果状態しか表さない。

　　（49）　部屋の灯が消えている。

3　動きの結果状態を表す用法とは、問題の時点以前に動きが終結し、動きの主体にその結果が残存している状態を表す用法のことである。

（50）　戸が開いている。

（51）　高津さんは先週から神戸に来ている。

テイル形が結果の状態を表すためには、動詞が、「止まる」、「消える」、「開く」のような、動きの主体の状態変化を表現するものでなければならない（III 部 3 章 2 節 3 参照）。

〈注8〉　動作の対象の状態変化を表す動詞も、受動表現では、テイル形で結果状態を表すことができる。

（イ）　戸が開けられている。

（ロ）　テーブルに花が飾られている。

4　テイル形のその他の用法として、反復状態を表す用法、完了状態を表す用法、経験・履歴を表す用法、等がある。

テイル形は、同じ動きが繰り返される状態にあることを表すことができる。この場合、反復される動きの主体は、（52）のように同一の主体であってもよいし、（53）のように別々の主体であってもよい。

（52）　走者は何度もコーチの方をうかがっている。

（53）　競技会場に選手が次々に到着している。

〈注9〉　基本形も動きの反復を表すことができる（本章 3 節 1 参照）が、テイル形の方が一時的状態の意味が強い。

テイル形はまた、動きが完了していることを表すことができる。「もう」、「既に」、「まだ」（否定表現の場合）、等が用いられると、完了状態の意味がより明確になる。

（54）　その記事は、既に読んでいる。

（55）　先生にはまだ相談していない。

テイル形の表現においては、さらに、問題の時点までになされた動作が人（または、それに準じるもの）の経験・履歴として捉えられることもある。

　（56）　花子は2度カナダを訪れている。

　（57）　日本はこの種目で1960年と1968年に金メダルを取っている。

　なお、経験・履歴の意味は、「述語のタ形＋「ことがある」」という形式でも表される（Ⅳ部1章2節4参照）。

5　テイル形の表現は、時間的な限定が希薄になると、対象の属性（性質や特徴）を表す。継続状態の表現から対象の属性を表す表現に移行していると考えられるものに、次のような例がある。

　（58）　鈴木さんは会社に勤めている。

　（59）　鴨川は京都の街を流れている。

　これに対して、（60）、（61）のような文は、結果状態からの移行の例であると考えられる。

　（60）　この車はハンドルが左側に付いている。

　（61）　花子は少しやせている。

　〈注10〉　（60）、（61）の型のテイル形は、名詞修飾の表現においては、タ形と交替することが多い（Ⅲ部9章1節2参照）。

　　　（イ）　ハンドルが左側に付いた車

　　　（ロ）　やせた人

〈参考文献〉

尾上圭介「現代語のテンスとアスペクト」『日本語学』1巻2号（1982）

金水敏「時の表現」仁田義雄・益岡隆志編『日本語の文法2』（2000、岩波書店）

金田一春彦編『日本語動詞のアスペクト』（1976、むぎ書房）

工藤真由美『アスペクト・テンス体系とテクスト：現代日本語の時間の表現』（1995、ひつじ書房）

砂川有里子『日本語文法セルフマスターシリーズ2　する・した・している』（1986、くろしお出版）

寺村秀夫『日本語のシンタクスと意味Ⅱ』5章（1984、くろしお出版）

森山卓郎『日本語動詞述語文の研究』Ⅲ部3章（1988、明治書院）

第6章　モダリティ

1節　基本的性格

　文が、客観的事態だけを表すのは、接続節の一部等非常に限られている。話し手が、文をコミュニケーションの道具として使う場合、ある特定の事態の表現だけではなく、その事態や相手に対する話し手の様々な判断・態度が同時に表現される。それらは、ある事態を自分の信念として相手に知らせるものであったり（確言）、相手に情報を求めたり（疑問）、聞き手に対する様々な要求であったり（命令、禁止、依頼）、ある事態が生じることの是非に関する話し手の判断であったり（当為）、真とは判断できない知識を述べたり（概言）、否定の判断であったり（否定）、ある事態を別の事態の説明として述べたり（説明）、ある事態を類似した別の事態で特徴づけたり（比況）、といったものである。このような、事態や相手に対する話し手の判断・態度を表す文法形式を一括して「モダリティ」と呼ぶ。

　本書では、モダリティを広義に解し、述語の活用形、助動詞、終助詞、等の様々な文末の形式を扱う。なお、モダリティの中で「疑問」と「否定」については、7章で取り上げることにする。

2節　確言

　話し手が真であると信じていることを相手に知らせたり、同意を求めたりする場合のモダリティを「確言」のモダリティと呼ぶ。このモダリティは、述語の基本形、タ形によって表される。場合によって、適当な

終助詞が付くこともある（Ⅱ部9章6節参照）。

 (1) あ、変な音がする。

 (2) 文法とは、発見するものであり、押しつけるものではない。

 (3) きょうはいい天気だね。

3節　命令

1 命令は、相手に動作を強制する場合のモダリティである。命令が成立するためには、「強制される動作の内容」（命令内容）の提示と、その動作を強制しているという話し手の意志の表明が必要である。命令表現は、したがって、成立すべき動作と、意志の表明を何らかの形で表したものと考えることができる。

2 命令の形式には明示的なものと非明示的なものがある。明示的な命令の形式とは、命令専用の形式のことであり、動詞の命令形、「動詞連用形＋「なさい」」、動詞のテ形が使われる。命令形が最も強い命令で、「連用形＋「なさい」」、テ形の順に強制の意味あいが弱まり、テ形はイントネーションによっては依頼に近くなる。終助詞の「よ」を伴うことも多い。

 (4) 早く来い。早く来いよ。

 (5) 早く来なさい。早く来なさいよ。

 (6) 早く来て。早く来てよ。

3 非明示的な命令では、単に、命令内容を提示して、態度や口調等で命令であることを示す。この場合、動詞の基本形や「動詞基本形＋「こと／ように」」が使われる。前者は口頭での命令、後者は主に掲示や文書での命令に使われる。これらは、命令内容を述べるだけで、相手に直接的に働きかける命令ではないので、終助詞の「よ」を付けることはできない。

 (7) 早く来る！

 (8) 下記の学生は3時までに事務室に来ること。

(9)　午前中に必要書類を提出するように。

　非明示的な命令にはさらに、夕形で命令を表すものがある。これは、命令が遂行された結果を先取りして表していると考えてよいかもしれない。この形式は、多少苛立ちを含んだ場合が多く、命令内容がすぐに遂行されることを要求している。動詞を繰り返すことが多い（III部5章4節参照）。

(10)　さっさと行った。

(11)　どいた、どいた。

4　口頭による命令では、命令の相手が聞き手であることは、明らかな場合が多い。この場合、動作主を省略するのが普通である。動作主を表現すると、「他の人でなく君が」あるいは「君の方は」という排他・対比の意味になる。

(12)　3時にここに来い。

(13)　俺は行かない。おまえが来い。

(14)　君はここにいなさい。

〈注1〉　聞き手のうちの不特定の相手に対する命令では、動作主を省略しない。この場合、呼びかけ的な表現になる。

　　（イ）　誰か、あいつをここに連れて来い。

5　命令は動作の強制であるので、原則として意志的に制御できる動作しか命令できない。したがって、命令の形式が使えるのは原則として、意志動詞のみである。「わかる」、「似る」、「老いる」等の無意志動詞は、演技の指示のような特別の場合を除いて、命令の形式を持たない（II部2章2節3参照）。

(15)　*この問題がわかりなさい。

(16)　*もっとお母さんに似なさい。

　命令には、動作の実現を命令する通常の命令と、ある事態が実現するように努力することを命令する場合がある。後者の場合、無意志動詞が使われる場合もある。

(17)　勉強しなさい。

(18)　安心しなさい。

〈注2〉　意志的に制御できない動詞の命令形は祈願、呪詛、等を表す。

　　　（イ）　雨よ、降れ。風よ、吹け。

　　　（ロ）　あんな奴、死んでしまえ。

4節　禁止と許可

1　命令と同じく、禁止にも明示的なものと非明示的なものがある。明示的な禁止は、「動詞基本形＋「な」」で表す（II部9章6節2参照）。非明示的な禁止は単に動作の否定を強い口調で言えばよい。

(19)　こっちに来るな。

(20)　こっちに来ない！

また、ある動作をしないことを命令する場合と、ある事態が生じないように努力することを命令する場合がある。

(21)　あんな男とつきあうな。

(22)　心配するな。

2　禁止の形式に「よ」を付けると強い禁止の意味あいがうすれ、忠告、注意に近くなる。ただし、非明示的な禁止の場合は、相手に直接働きかけているわけではないので、「よ」は付けられない。

(23)　あんな男とつきあうなよ。

3　動作の結果が望ましくないことを相手に指摘することによっても、禁止を表すことができる。このような形式として、「動詞のテ形＋「は」＋「いけない」、「だめだ」」等がある。

(24)　あまり無理をしてはいけない。

(25)　来てはだめだ。

4　ある動作が他の動作と同じく容認可能であることを相手に指摘することによって、「許可」を表すことができる。このような形式として「動詞のテ形＋「も」＋「いい」、「かまわない」」がある。

(26)　このりんご食べてもいいよ。

(27)　何時に来てもかまわない。

これらの形式は、疑問文にすることによって、相手に許可を求める表現になる。

(28)　明日、君の家に行ってもいいかい。

〈注3〉　「も」は省略可能である。ただし、疑問語を含む場合は省略できない。

　　　（イ）　このりんご食べていいよ。

　　　（ロ）＊何時に来てかまわない。

5節　依頼

1　依頼は、人に動作をするよう頼む場合のモダリティであり、相手の意志を尊重する点で命令より丁寧な表現である。依頼には、直接相手に動作の依頼をする「直接依頼形式」と、自分の実情を述べて、相手に間接的に動作の依頼をする「間接依頼形式」とがある。一般に、直接依頼形式より、間接依頼形式の方が、丁寧な表現になる。

〈注4〉　依頼も原則として意志動詞しか使えないが、「わかる」は、ヲ格を取って、わかるように努力するという意味を表す場合には依頼の形式を取ることができる。

　　　（イ）　私のことをわかって下さい。

2　直接依頼形式には、「～てくれ、～て下さい、～てちょうだい」のように「動詞のテ形＋「くれる」の命令形、及び命令相当表現」を使うものと、「～てくれるか、～てくれないか、～てもらえるか、～てもらえないか」のように、相手が自分の頼みに応じる意志があるかどうかを尋ねるものがある。普通、後者の方が丁寧である。また、後者の中では、肯定の疑問形より、否定の疑問形の方が丁寧になる。さらに、「だろうか」、「でしょうか」を付加すると、より丁寧になる。

(29)　パパ、庭に水をまいておいてちょうだい。

(30)　すみません、ちょっと、そこの電気のスイッチを入れてもらえ

ますか。

　　（31）　少し、お金を用立てていただけないでしょうか。

3　　間接依頼形式には、「～てほしい、～てもらいたい、～てほしいのだ
　　けれども」のように、相手の動作を自分が望んでいることを知らせるも
　　の、「～てくれると助かる、～てくれるといいのだが、～てくれるとあり
　　がたいのだけれども」のように、それが自分にとって有益であることを
　　相手に知らせることで、相手がその動作をしてくれるように仕向けるも
　　の、等がある。この場合、「が」、「けれど（も）」等を加えて、断定的な
　　調子を避ける方が丁寧になる（IV部4章2節2参照）。

　　（32）　今度の土曜日、私の家に来てもらいたい。

　　（33）　いっしょに病院に行っていただけると助かるんですが。

6節　当為

1　　ある事態が望ましいとか、必要だ、というように事態の当否を述べる
　　モダリティを「当為」のモダリティと呼ぶ。

2　　当為のモダリティを表すものには、「べきだ（「べきではない」）」、「も
　　のだ（ものではない）」、「ことだ」、「のだ（のではない）」のような助動
　　詞と、「なければならない」、「なくてはいけない」、「ないといけない」、
　　「ほうがいい」のような語句がある。

　　（34）　日本は早急に貿易黒字を減らすべきだ。

　　（35）　明日の朝は6時に起きないといけない。

3　　当為のモダリティを表す表現は、（34）、（35）のように、ある事態に
　　対する自分の意見を述べるだけの場合もあるが、望ましい事態を述べて
　　相手にその事態を実現すべく行動することを促す場合に使われることも
　　ある。この場合、文脈により、「忠告」、「勧告」、「依頼」、「命令」、「禁
　　止」、等の表現効果を持つ。（36）のように相手が動作主となる動作の当
　　否を述べて、相手の動作を促す場合と、（37）のように一般的な事態の当
　　否を述べて、相手に推論をさせて動作を促す場合とがある。

　　（36）　君は彼女と別れるべきだ。（→したがって、別れなさい）

　　（37）　ここはじっと耐えるべきだ。（→したがって、耐えなさい）

4　「べきだ」は、実現していない事態に関し、その実現が望ましいという意味を表す。したがって、事態が既に実現していることを示すタ形の後ろに付くことはできない。

　　（38）＊君は彼女と別れたべきだ。

　また、「べきだった」の形にすると、過去において、実現しなかった事態に関して、その実現が望ましかったという意味を表す。

　　（39）　君は、あの時彼と別れるべきだった。

5　「ものだ」は、対象の本来的特徴を述べることを基本とする。

　　（40）　子供はいたずらをするものだ。

　この本来的特徴が望ましいものである場合には、当為の意味になる。

　　（41）　試験の時ぐらいは勉強をするものだ。

　〈注5〉　「ものだ」は、述語のタ形に接続する場合は、回想を表す。この「ものだ」は、過去の一時点における対象の特徴を述べるものである。この場合、「ものだった」の形式も使われる。

　　　　（イ）　当時私はよく小説を読んだものです。

　　　　（ロ）　あの頃のテレビはよく故障したものだった。

6　「〜ほうがよい／いい」（Ⅲ部2章5節4参照）、「ことだ」は、問題の動作をしなければ悪い結果が生じるということを暗示する場合、「忠告」になることがある。また、悪い結果を強調して相手に動作を強制する場合は「脅し」になる。

　　（42）　君は積極的になったほうがよい。

　　（43）　少し、おとなしくしたほうがいいぜ。

　　（44）　よく考えてから結論を出すことだ。

　　（45）　命が惜しかったら、黙っていることだ。

7　「のだ」、「のではない」は、ある特定の状況において、望ましい・望ましくない動作を述べる。したがって、強い口調で述べれば、それぞれ、

命令、禁止に近い言い方になる。

（46）　早く行くんだ！

（47）　ふざけるんじゃない！

また、「のだった」は、過去において行われなかった動作に関して、行うことが望ましかったとの判断を表す。これに対応する否定の「のではなかった」の形も用いられる。この場合、動作の主体は1人称である。

（48）　あのときＫ社の株を買っておくんだった。

（49）　あのときＫ社の株なんか買うんじゃなかった。

7節　意志、申し出、勧誘

1　意志とは、ある動作を行う意志を表すモダリティで、動詞基本形、動詞意志形、「動詞意志形＋「と思う」」、「動詞基本形＋「つもりだ」」、等で表される。意志の表現は、内面の表現の一種であるので、主体は、1人称（疑問文では2人称）を基本とする（Ⅲ部2章3節2参照）。

2　話し手がある動作を行う意志を相手に告げる場合は、動詞基本形、「動詞意志形＋「と思う」」、「動詞基本形＋「つもりだ」」が用いられる。

（50）　じゃ、私は先に行きます。

（51）　明日の午後出発しようと思います。

（52）　あさって帰って来るつもりです。

〈注6〉　これら3つの形式のうち、動詞基本形は動作を行うことの単なる宣言に過ぎず、「それでは、では、それなら」等を伴う、発話の場での決意も表現できる。

　　　（イ）　それなら、僕も行く。

　　それに対して、他の2つの形式は、既定の意志を表すものであり、発話の場での決意を表すことはできない。

　　　（ロ）＊それなら、僕も行くつもりだ。

動詞意志形の単独の表現は、相手に対する意志の表明とはなり得ず、自分に言い聞かせる文としてしか用いられない。

　　（53）　さてと、きょうはもう帰って寝よう。

3　　相手の意志の有無を尋ねるときは、動詞基本形、「動詞基本形＋「つも
　りだ」」の疑問文の形を使う。

　　（54）　明日、会議に出ますか。

　　（55）　今度も山田さんに投票するつもりですか。

　動詞意志形、「動詞意志形＋「と思う」」は、疑問文にすることによっ
て相手の意志の有無を尋ねることは普通できない。

〈注7〉　「動詞意志形＋「と思っている」」を疑問文にすれば、意志の有無を尋ねる
　　　ことができる。

　　　　（イ）　今度も山田さんに投票しようと思っていますか。

　　　　インタビューやクイズ型の質問では、「〜と思う」の疑問形を使うことが
　　　できる。この場合、質問者自身が疑問に思っていることを尋ねているのでは
　　　ない。

4　　動詞意志形の単独の表現は、相手に対する自分の動作の申し出を表す
　ことができる。この場合、1人称のガ格を用いることができる。

　　（56）　荷物を持ちましょう。

　　（57）　甲：どなたか、行って下さる方はいらっしゃいませんか。

　　　　　　乙：私が行こう。

〈注8〉　「私が」を用いれば、動詞基本形によっても申し出の意味を表すことがで
　　　きる。

　　　　（イ）　私が行く。

　「動詞意志形＋「か」」で、動作の申し出に対する相手の諾否を尋ねる
ことができる。

　　（58）　荷物を持ちましょうか。

5　　動詞意志形はまた、共同動作の申し出（勧誘）を表すことができる。

　　（59）　そろそろ、出かけよう。

　この場合、「か」を付加することにより、共同動作の申し出に対する相
手の諾否を尋ねることができる。

　　（60）　そろそろ、出かけましょうか。

6　「動詞否定形＋「か」」で、相手（自分を含むこともある）の動作の提案
　を表現することができる。上昇イントネーションを使えば、この「か」
　は省略してもよい。

　　（61）　君、今度、ロンドンに行ってみないか。

　　（62）　このへんですこし休みませんか。

　　（63）　今度の日曜日映画を見に行かない？

　　動作の提案としては、さらに、「動詞タ系条件形（＋「どうだ／どう
　か」）」、「動詞テ形＋「は」（＋「どうか」）」、等がある。

　　（64）　すこし休んだら（どうだ）。

　　（65）　専門家に聞いてみては（どうか）。

8節　願望

1　事態の実現を望んでいることを表すモダリティを「願望」のモダリ
　ティと呼ぶ。願望には、自分自身の動作・状態を望む「動詞連用形＋
　「たい」」と、他人の動作・状態、あるいは、ある事態の成立を望んでい
　ることを表す「動詞テ形＋「ほしい」」がある。感情表現も内面の表現で
　あるので、主体は1人称（疑問文では2人称）を基本とする（Ⅲ部2章3節
　2参照）。

2　「動詞連用形＋「たい」」は、自分の動作・状態に関する願望を表す。

　　（66）　私は将来宇宙飛行士になりたい。

　　「たい」は状態の表現なので、「たい」が接続する動詞がヲ格を取る動
　詞である場合は、ヲ格がガ格と交替することがある（Ⅲ部4章4節2参
　照）。

　　（67）　もっとおいしいものが食べたい。

3　「動詞テ形＋「ほしい」」は、他人に対して、その人の動作・状態を望
　んでいるという意味を表す場合と、ある事態が生じることを望んでいる
　という意味を表す場合とがある。

前者の場合、動作・状態の主体はニ格で表す。

（68）　僕は君にこの仕事を担当してほしい。

（69）　僕は妻にいつまでも元気でいてほしい。

後者では、主体はガ格で表す。

（70）　早く休みが来てほしいな。

〈注9〉　他人の動作・状態を望む「ほしい」は「もらいたい」という形でも表すことができる。

　　　（イ）　僕は君にこの仕事を担当してもらいたい。

9節　概言

1　確言のモダリティは、ある知識を自分が真と信じているものとして述べるモダリティであった。これに対して、真とは断定できない知識を述べるモダリティを「概言」と呼ぶ。概言は、その内容によって、断定保留（「だろう、まい」）、証拠のある推定（「らしい、ようだ、みたいだ、はずだ」）、可能性（「かもしれない」）、直感的確信（「にちがいない」）、様態（「そうだ」）、伝聞（「そうだ、という、とのことだ」）、等に分かれる。

2　断定保留を表す形式には、「だろう」、「まい」という助動詞がある（Ⅱ部5章2節参照）。これらの形式は、「たぶん、おそらく、きっと、さぞ、まず、まさか」等、確かさの度合を表す呼応の副詞（Ⅱ部8章6節参照）といっしょに用いられることがある。

（71）　北海道は今頃さぞ寒いだろう。

（72）　ここにはきっと地位の高い人が眠っていたのでしょう。

（73）　来年はきっと不景気になるだろう。

（74）　君が来ていれば、彼もそんなことはしなかったでしょう。

「まい」は、「ない＋だろう」と同じ機能を果たし、主に硬い文章体で使われる。

（75）　おそらく、もうオイルショックのようなことは起こるまい。

「だろう」、「まい」は、話し手の発話時の判断しか表せない。

〈注10〉　硬い文章体では、動詞の意志形が断定保留を表すこともある。

　　　（イ）　明日は雨になりましょう。

　　　（ロ）　この現象の理解には、このような例が参考になろう。

3　証拠のある推定を表す形式には、助動詞の「らしい」、「ようだ」、「みたいだ」、「はずだ」がある。これらは、ある具体的な証拠から推論によって得た知識を述べるための形式である。

　このうち、「らしい」と「ようだ」は、証拠となる事柄の性格を表す。すなわち、「らしい」は、原則として間接的な経験（伝聞、他人の調査結果、等）による推定であることを述べる形式である。これに対して、「ようだ」（話し言葉では「みたいだ」）は、何らかの意味で自分が直接体験したこと（視覚、自分の調査、等）に基づく推定を述べる形式である。

　　（76）　あの人はどうも結婚しているらしい。田中君が子供と遊園地で遊んでいるのを見たと言っている。

　　（77）　あの人はどうやら結婚しているようだ。結婚指輪をしていたもの。

　「らしい」が、多少突き放した、ある意味では、責任を避けた判断になる傾向が強いのに対して、「ようだ」（「みたいだ」）は、自分の責任で判断を下したという意味あいが強い。したがって、（78）のような、自分の判断を示す必要がある場合には、「ようだ」（「みたいだ」）がふさわしく、「らしい」は不適切である。

　　（78）　反対の方いらっしゃいますか。どうやら全員ご賛成のようですので、そのように決めさせていただきます。

　「らしい」、「ようだ」は、呼応の副詞のうち「いろいろ考えてみた結果」という意味を持つ「どうも、どうやら」を伴うことができる。

　また、「らしい」、「ようだ」は、「らしかった」、「ようだった」の形を取ることができる。この場合、ある事態が過去にあったということでなく、そのような推定を過去に行ったということを表す。

　　（79）　彼女は結婚しているらしかった。

(80)　みんなとても幸せに暮らしているようでした。

「はずだ」は、一般的な知識や記憶から推論、計算等の論理的操作によって得られる帰結を述べるときに用いられる。根拠となる事柄を「〜から」等の理由を表す副詞節（IV部2章4節参照）によって明示的に述べることもできるし、帰結だけを述べることもできる。

(81)　甲：そこまでどれくらいかかるでしょう。

　　　　乙：急いで歩けば20分ぐらいで行けるはずです。

(82)　甲：田中さんは、きょう来ていますか。

　　　　乙1：授業があるから、来ているはずですよ。

　　　　乙2：彼は旅行中だから、会社にはいないはずだ。

既知の事柄から当然の帰結として出てくる判断の内容と、現在観察される事態が異なる場合には、「はずだ」は、意外感、不審感を表すことになる。

(83)　君は、これだけ才能に恵まれているんだから、もっと良い成績がとれるはずだ。

(84)　おかしいな。もう少し温度が上がるはずなんだが。

「はずだった」は、過去の時点において、当然と考えられた帰結を表す。実際には問題の事態は実現しなかった、という場合が多い。

(85)　3カ月で退院できるはずだったのに、結局、一年かかった。

〈注11〉「はずだ」は、既に観察されている帰結を因果的に説明する事実を新たに発見したことを表す場合がある。つまり、不審であったことが、新たに発見した事実により納得できたことを表す用法で、この用法は、「説明」のモダリティに近いものである（本章10節3参照）。

　　　（イ）　寒いはずだ。氷が張っている。

　　　（ロ）　道理で計算が合わないはずだ。ここの＋と−が入れ替わっている。

〈注12〉「はずだ」の否定形「はずではない」は、現在自分が直面している事態が、既成の知識から予測された帰結でないということを表す。

　　　（イ）　こんなことになるはずではなかったのだが。

　　　　また、これとは別に、可能性の否定を表す「はずがない」という形式がある。

　　　（ロ）　彼はアメリカに留学中だ。こんなところにいるはずがない。

4　「かもしれない」は、過去、現在、未来における事態の成立の可能性を表す。確かさの度合が低いことを表す「ひょっとすると」、「もしかすると」等の呼応の副詞に相当する句と共に用いることができる（Ⅲ部3章6節参照）。

　　　（86）　ひょっとすると、内閣は総辞職するかもしれない。

　　　（87）　もしかすると、彼は犯人ではなかったかもしれない。

5　「にちがいない」は、客観的証拠や論理的推論によらず、経験等に基づく直感的確信を表す。確かさの度合が高いことを表す「きっと」等と共に用いられる。

　　　（88）　そんなことをすれば、きっと私の母は悲しむにちがいない。

　　　証拠を示す副詞節は取りにくい。

　　　（89）?彼はあの日東京にいたんだから、犯人ではないにちがいない。

6　接尾辞の「そうだ」（Ⅱ部13章4節2参照）は、ある対象が呈している様態を表す。

　　　（90）　あの人は寂しそうだ。

　　　（91）　この問題は難しそうだ。

　　　動的述語に接続した場合、動的事態の生起が予想されるような外的兆候が見られることを表す。

　　　（92）　この空模様ではどうも雨になりそうです。

　　　（93）　ボタンがとれそうだ。

　　　外的兆候の存在がそれほど明示的でなく、その対象が持つ様態から得られる予感のようなものを表すこともある。

　　　（94）　この本は売れそうだ。

　　　過去の表現、否定の表現も可能である。

　　　（95）　ボタンがとれそうだった。

（96）　彼はあまりうれしそうではない。

〈注13〉「動詞＋接続詞「そうだ」」の否定の形式は、「動詞＋「そうではない」」で
　　　　はなく、「動詞＋「そうにない」」となる。

　　　　（イ）　うまくいきそうにない。

7　「伝聞」は、他から聞いて得た知識を、自分の判断を加えずそのまま
　相手に伝える場合のモダリティである。伝聞を表す形式には、助動詞の
　「そうだ」や、「という」、「ということだ」、「とのことだ」のような語
　句、等がある。「という」は、一般的に言われていることを、「というこ
　とだ」、「とのことだ」は、特定の人物からの情報を表し、「そうだ」は、
　どちらの意味にも使える。伝聞の情報源を「〜によれば」等で表すこと
　ができる。また、「ということだ」、「とのことだ」は、伝言を表すことが
　でき、その場合伝言をした人をガ格で明示することもできる。

　　（97）　昔はこんなことがよくあったという。

　　（98）　山田は欠席するとのことだ。

　　（99）　この道路は事故が多いそうだ。

　　（100）鈴木さんの話では、先日の台風で家の庭の木が倒れたそうだ。

　　（101）田中さんがあなたによろしくということです。

　「ということだ」、「とのことだ」を除いて、過去の表現はない。「とい
　うことだった」、「とのことだった」は、過去に聞いた伝言・情報を相手
　に伝える場合や、過去の情報を回想している場合に用いられる。

　　（102）田中さんがよろしくということでした。

　　（103）山田は欠席するとのことだった。

10節　説明

1　ある事態を別の事態の説明として述べるモダリティを「説明」のモダ
　リティと呼ぶ。説明のモダリティを表す形式には、助動詞の「のだ」、
　「わけだ」がある。

2　「のだ」は、ある事態に対する事情・背景の説明を述べる形式である。

「わけだ」がもっぱら理屈に基づく説明の表現であるのに対して、「のだ」は、話し手の主観的な判断による説明であってもよい。したがって、「のだ」は確かさの度合を表す呼応の副詞「きっと」、「たぶん」等（Ⅱ部8章6節参照）と共に用いることもできる。

(104) 甲：震えているじゃないか。

　　　乙：寒いんだ。

(105) 浜子は足を引きずっていた。けがをしていたのだ。

(106) 甲：田中がいないな。

　　　乙：あいつはきっとデートをしているんだ。

説明されるべき事態は、言語的に表現されている必要はなく、発話の場の事態であってもよい。

(107) すみません、車の渋滞に巻き込まれたんです。

(108) おや、新しい機械を入れたんですね。

〈注14〉「のだ」は、聞き手の知らない実情を伝える用法も持つ。

　　　（イ）　実は、困ったことが起こったんです。

3　「わけだ」は、ある事態が成立すれば、理の当然として別のある事態が成り立つということを表す。当然成り立つ多くの帰結のうち特に何が問題となるかを解説する場合もある。「すると」、「つまり」、「結局」、等の接続表現と共に用いられる。

(109) 鈴木さんは1954年生まれです。したがって、今年、古希を迎えるわけです。

(110) 山田は、その時刻に田中と学校で会っている。つまり、彼は、犯行時刻には、現場にいなかったわけだ。

真偽疑問文（Ⅲ部7章2節参照）にすると、その事柄が相手の言明から出て来る帰結であるか否かということや、その事柄が相手が特に問題としている帰結であるか否かということを尋ねる文になる。

(111) 甲：鈴木さんは、1954年生まれです。

　　　乙：すると、今年、古希を迎えるわけですか。

（112）甲：今年度の決算は赤字だった。

　　　　乙：え、じゃ、ボーナスは出ないわけですか。

　以上の例は、ある事態が与えられて、それから推論できる当然の帰結を示す例であるが、「わけだ」は、既に観察されている事態を当然の結果として説明できる事態が発見された場合にも使える（本章注11参照）。

（113）寒いわけだ。氷が張っている。

〈注15〉「わけだ」には、推論の結果得られる帰結でなく、誰の目にも明らかな道理や、既定の事実として与えられている状況を述べ、これから言うことの理解を助ける用法がある。この場合、理屈や慣例上はそうなるが、別の要因があるために理屈や慣例の通りにはならない、ということを述べることが多い。

　　（イ）　直接言えば済むわけだが、遠慮もあって、なかなかそう簡単にはいかない。

　　さらに、「わけだ」には、ある事態を単なる偶然でなく、周囲の状況から納得できる事態であった、ということを強調する用法がある。

　　（ロ）　彼が失敗したのには、こういう事情があったわけです。

　　（ハ）　先方では、データサイエンスの専門家で英語のよくできる人を寄こしてほしいと言ってきました。それで、田中君を選んだわけです。

「わけではない」は、ある事態が与えられたとき、別のある事態が成立すると考えることが、必ずしも正しくないということ、あるいは、その事態が自分の問題としている帰結ではない、ということを表す。

（114）英文科を出ても、英会話がうまくなれるわけではない。

（115）別に家族に不満があるわけじゃないが、一人になりたいときもあるものだよ。

〈注16〉「わけがない」は、そのように考える理由、根拠が全く存在しないことを表す。

　　（イ）　こんな調子でうまくいくわけがない。

11 節　比況

　ある事態を性質の類似した別の事態で特徴づけるモダリティを「比況」と呼ぶ。比況を表す形式には、助動詞の「ようだ」、「みたいだ」(II 部 5 章 2 節参照) がある。「みたいだ」は、主に話し言葉で用いられる。「まるで」、「あたかも」等の、類似を強調する呼応の副詞 (II 部 8 章 6 節参照) が共に使われることもある。

　　(116) この絵は写実的で、写真のようだ。

　　(117) まるで盆と正月が一度に来たようだ。

〈参考文献〉

尾上圭介「日本語の構文」山口明穂編『国文法講座 6 巻　時代と文法：現代語』(1987、明治書院)

尾上圭介『文法と意味 I』3 章 (2001、くろしお出版)

近藤泰弘「ムード」北原保雄編『講座日本語と日本語教育 4 巻　日本語の文法・文体 (上)』(1989、明治書院)

阪田雪子・倉持保男『教師用日本語教育ハンドブック 4 巻　文法 II』(1984、国際交流基金)

田窪行則「現代日本語における 2 種のモーダル助動詞類について」梅田博之教授古稀記念論叢刊行委員会編『梅田博之教授古稀記念　韓日語文学論叢』(2001、太学社) https://researchmap.jp/yukitakubo/published_papers/10617355

寺村秀夫『日本語のシンタクスと意味 II』6 章 (1984、くろしお出版)

仁田義雄『日本語のモダリティと人称』(1991、ひつじ書房)

仁田義雄・益岡隆志編『日本語のモダリティ』(1989、くろしお出版)

早津恵美子「「らしい」と「ようだ」」『日本語学』7 巻 4 号 (1988)

益岡隆志『日本語モダリティ探究』(2007、くろしお出版)

宮崎和人・安達太郎・野田春美・高梨信乃『モダリティ』(2002、くろしお出版)

森山卓郎・安達太郎『日本語文法セルフマスターシリーズ 6　文の述べ方』(1996、くろしお出版)

第 7 章　疑問と否定の表現

1節　疑問表現の基本的性格

　　疑問文は、話し手が相手に未知の部分の情報を求めたり、自分自身に問いかけたりする表現である。

2節　分類

1　未知の部分が、事柄の真偽に関わる場合を「真偽疑問文」と呼び（例 (1)）、文中の要素が未知である場合を「疑問語疑問文」と呼ぶ（例 (2)）。

　　(1)　　昨日、花子に会いましたか。

　　(2)　　昨日、誰に会ったのですか。

　　さらに、選択肢を持つ選択疑問文がある。

　　(3)　　文法は、好きですか、嫌いですか。

　　選択疑問文は、疑問語疑問文に似た構文的振舞いを示す（本章 3 節 2、IV部1章3節2参照）。

2　疑問文には、未知の部分の情報を相手に求める質問型（例 (4)）と、自分自身に問いかける自問型（例 (5)）がある。質問型では上昇調のイントネーションが使われ、自問型では下降調のイントネーションが使われる。

　　(4)　　花子に会いましたか（↗）。

　　(5)　　誰に会ったのだろう（↘）。

3　質問型の疑問文は、直接的に相手に答えを求める文である。相手の方が自分より当該事項に関する知識が多いことが想定される。

　自問型の疑問文は、自分に問いかける場合（例 (5)）の他に、新聞の見出し等に使う一般的な問いかけの文（例 (6)）や間接的な質問の文（例 (7)）として用いられる場合がある。

(6)　　日本は米の自由化をすべきか。

(7)　　誰が来るのかな。

　一般的な問いかけの文は基本的には、主節ではなく、疑問の従属節を主節なしで述べたものと見ることもできる。この場合は、特定の相手に向けて発話されたものではないので、丁寧形は使えない。

　間接的な質問の文は、自分が疑問を持っていることを相手に知らせて、相手が答えを提供してくれることを期待する文である。この場合、質問型とは異なり、必ずしも相手の方が自分より知識が多いと想定される必要はなく、単に「あなたはどう思うか」を聞いている場合でもよい。丁寧形が付くこともできる。

(8)　　誰が来ますかね。

〈注1〉　相手の発言を受け取って相づちを打つ場合にも、自問型の疑問文が使われる。

　　　（イ）　そうですか。そんなことがあったんですか。

3節　疑問の形式

1　真偽疑問文は、疑問の終助詞「か」、「の」を付けて疑問を表す。「の」は、女性が女性的に話すときや男性が親しい友人や子供に優しく話すときに使われる（Ⅴ部2章2節5参照）。「の」も「か」も付けず、上昇イントネーションにするだけでも、真偽疑問文になる。

(9)　　おまえ、きょう来るか。

(10)　君、明日の会議出るの。

(11)　あなた、明日の会議お出になる（↗）。

〈注2〉　「の」（男性的な言い方では、「のか」）は、単に相手の考え・意向を尋ねるというより、相手がある考え・意向を持っていると判断し、相手にその判

　　　　　　断が正しいのか否かを確かめるための疑問文である。この場合の「の」は、

　　　　　　「「の」＋「だ」＋「か」」の省略形と考えられる。

2　　疑問語疑問文は、疑問語（Ⅱ部7章3節参照）を文中に含む。質問型の

　　疑問語疑問文は、普通体では、原則として「か」が使えない。丁寧体で

　　は、「か」を使ってもよい。

　　　（12）＊次は何を見るか（↗）。

　　　（13）　次は何を見ますか（↗）。

　　自問型の疑問語疑問文は、普通体でも「か」を使うことができる（例

　（6）参照）。選択疑問文も、質問型の疑問語疑問文と同様の制限を持つ。

　　　（14）＊文法は、好きか、嫌いか（↗）。

4節　「だろう」と疑問表現

1　　「だろう＋か」は、相手の推測・予測を尋ねることはできず、基本的に

　　は自問型の疑問文になる。したがって、上昇イントネーションは使えな

　　い。

　　　（15）　あいつは来るだろうか（↘）。

　　　（16）　あいつは何をしているのだろうか（↘）。

　〈注3〉　疑問語疑問文の場合、「か」は省略できる。

　　　　　（イ）　あいつは何をしているのだろう。

　　自問の形式を用いることによって、間接的に相手の意見を求めること

　　はできる。

　　　（17）　先生、うちの息子はK大通るでしょうか（↘）。

　　　（18）　田中君は、なぜあんなことをしたんでしょうか（↘）。

2　　「「だろう」＋上昇イントネーション」によって、自分が正しいと思っ

　　ている予測に関して、相手に同意を求める表現になる。この場合、真偽

　　が問題となる疑問文であるので、当然、疑問語疑問文には使えない。

　　　（19）　この本、もういいだろう（↗）。

　　　（20）　君は行かないだろう（↗）。

(21) ＊誰が行くだろう（↗）。

5節　疑問文の意味と答え方

1　疑問文に対する答えは、未定の部分を確定することでなされる。（自問型の疑問文でも、答えを求めていると見られる場合は同じである。）未定部分は、真偽疑問文では、その文の真偽であり、疑問語疑問文では、疑問語で表されている要素である。

2　真偽疑問文に対する答えは、その文の真偽を述べればよい。したがって、最小の形は、「はい」、「いいえ」等の応答の表現（Ⅱ部12章2節1参照）を用いればよい。

(22)　甲：田中君は行くのかい。

　　　　乙：はい。

疑問文の性質に応じて、述語を繰り返したり、「そうだ」、「違う（そうではない）」を加えることも多い。この場合、応答の表現は省いてもよい。

(23)　甲：この近くに食堂ありますか。

　　　　乙：（いいえ、）ありません。

(24)　甲：これはあなたのですか。

　　　　乙：（はい、）そうです。

述語を繰り返すのはいつでも可能である。「そうだ」、「違う」は、相手が自分の判断を持ち、その当否を尋ねている場合の答えに限られる。

(25)　甲：　これはあなたのですか。

　　　　乙：　はい、私のです。

(26)　甲：　この近くに食堂ありますか。

　　　　乙：＊はい、そうです。

3　疑問語疑問文に対する答えは、疑問語で表される未定部分に対する定表現を与えることによってなされる。したがって、最小の形としては、この定表現を述べるだけでよい。

(27)　甲：何がある。

　　　　乙：りんご。

しかし、これではぞんざいすぎるので、普通は判定詞を付け加えたり、述語を繰り返したりする場合が多い。

(28)　甲：いくら使いましたか。

　　　　乙：300円です。

(29)　甲：誰が来た。

　　　　乙：山田が来たよ。

疑問語が句や節の一部を成す場合は、その句・節全体を繰り返すのが普通である。

(30)　甲：誰の本がなくなったんですか。

　　　　乙1：　田中さんの本です。

　　　　乙2：?田中さんです。

4　真偽疑問文は、自分の判断が正しいかどうかを相手に尋ねる文である。したがって、答えの文では、その判断が正しいとみなせれば、「はい」、間違っているとみなせれば、「いいえ」を使えばよく、疑問文が否定形であるか、肯定形であるかとは関係がない。疑問文が否定形で表される場合は、質問者の判断が2通りに解釈可能であるので、解釈に応じて「はい」、「いいえ」が選択されることになる。

(31)　甲：花子に会わなかったですか。

　　　　乙：はい、（あなたが言う通り）会わなかったですよ。

　　　　　　いいえ、（あなたは会ったと考えているようですが）会わなかったですよ。

6節　疑問の焦点

疑問は、単にあることがあったか、なかったかを問題にする場合の他に、既定の部分を前提として未定の部分（「焦点」）を自問したり、質問したりする場合がある。後者の場合、文末に「の（か）」の形が付く。

　　(32)　その服、神戸で買ったのですか。

この場合、未定の部分（焦点）を述語とする強調の構文（Ⅳ部1章2節3参照）の疑問文に対応する。

　　(33)　その服を買ったのは神戸ですか。

　疑問語疑問文は未定の要素（焦点）を含むので、「の（か）」を取ることが多い。

　　(34)　誰が来るんですか。

　ただし、相手に単なる事実の報告を求めたり、相手の意向を確かめたりする場合は、疑問語疑問文であっても、「の（か）」を用いなくてもよい。

　　(35)　さっきの試合、どっちが勝ちましたか。

　　(36)　何を食べますか。

7節　否定表現の基本的性格

　否定表現は、それに対応する肯定の事態や判断が成り立たないことを意味する。否定には、「事態の否定」と「判断の否定」がある。

　普通体の否定形は述語に否定の接辞「ない」を付けて作る（Ⅱ部13章6節1参照）。丁寧体の否定形は、「動詞の連用形＋「ません」」等を使う（Ⅴ部1章2節2参照）。

8節　事態の否定と判断の否定

1　事態の否定には無題否定と有題否定とがある（Ⅲ部8章4節参照）。無題否定は、単にある事態が存在しない、あるいは、しなかった、ということを表す。

　　(37)　雨が降らなかった。

　　(38)　天気がよくないな。

　　(39)　田中が来なかった。

　有題否定は、否定の接辞の付いた述語を持つ有題文で表される。普

通、事態の否定は、（37）〜（39）のように単にある現象の不存在を問題
にする場合より、ある対象に関して、その対象が持つかもしれない属性、
経るかもしれない過程、するかもしれない動作が、実際には存在しない、
あるいは、しなかった、ということを表す場合が多い。この場合、否定
文は有題文となる。否定文で主体がガ格よりも、提題助詞「は」等で表
される方が多いのもこの理由による。

（40）　田中は昨日来なかった。

（41）　この米はおいしくない。

否定される述語がナ形容詞、「名詞＋判定詞」の場合は、「「では」＋
「ない」／「ありません」」の形を取るのが普通である（II部13章6節1参
照）。

〈注4〉　1人称の意志的動作が関わる事態の否定は、普通、意志の否定、つまり、そ
の動作をする意志がないことの表明になる（III部6章7節参照）。

（イ）　僕は行かない。

動作の意志がないことを表す表現としては、さらに「動詞基本形＋「つも
りがない」」、「動詞意志形＋「とは思わない」」等の形式がある。

2　判断の否定は、ある可能な事態をいったん想定し、それが当該の事
態の説明としては、その全部あるいは一部が間違っていることを表す。
（この場合、事態の存在が否定されるわけではない。）一部を否定する場
合は、判断のうちに否定される部分（否定の焦点）と、前提とされる部分
があるのが普通である。

（42）　田中が会いに来たのではない。山田が会いに行ったのだ。

（43）　この事実は田中が指摘したのではない。

（「田中が」が否定の焦点）

一部を否定する場合は、焦点の部分を述語とする強調の構文の否定の
形に対応する（IV部1章2節3参照）。

（44）　この事実を指摘したのは田中ではない。

9節 否定と呼応

1 　副詞や不定語にはもっぱら否定の表現と共に使われるものがある。これらは、否定を強調したり、その文が否定の表現を含むことを予め示したりする役目を果たす。

2 　呼応の副詞のうち、もっぱら否定と共に使われるものとして、「決して、必ずしも、とても、とうてい」等がある（Ⅱ部8章6節1参照）。「決して」は、否定の意志を強調したり、ある想定が成り立たないことを強調したりする役目を果たす。「必ずしも」は、ある想定が完全には成り立たないことを示す。「とても」、「とうてい」は、能力のないこと、可能性のないことを強調する。

　（45）　政治に金がかかるというのは、決して望ましいことではない。

　（46）　この説明は、必ずしも正確ではない。

　（47）　とても月末までには間に合わない。

　また、程度の副詞のなかには、否定を伴って程度が甚だしくないことを表す「あまり、たいして、さほど、そんなに」や、否定を伴って程度の低いことを強調する「ちっとも、全く、全然」等がある（Ⅱ部8章3節2参照）。

　さらに、頻度を表すものについても「ちっとも、全然、めったに、ほとんど、あまり」のように、否定を伴って頻度の低いことを強調するものがある（Ⅱ部8章5節4参照）。

　この他に、「不定語＋「も」」や「「1」＋助数辞＋「も」」は、否定の事態が当該の対象のすべてについて成り立つことを強調する（Ⅱ部7章3節2、Ⅲ部8章9節2参照）。

　（48）　誰もその問題を解けなかった。

　（49）　知っている人は一人もいなかった。

　「ろくな」や「たいした」のように、否定と共に用いられる連体詞もある。

　（50）　あいつは、ろくなものを書かない。

（51）　たいした問題ではない。

10節　全部否定と部分否定

　7節で、否定には、事態の否定と判断の否定があると述べた。事態の否定は、ある対象に対して、述語が表す属性や動作が成り立たないことを表す。

（52）　山田は本を読まなかった。

これは、「全員」や「毎日」のような数量を表す語があっても同じである。

（53）　彼らは全員行かなかった。

（54）　山田は毎日勉強しなかった。

　（53）は、彼らの全員について「行かなかった」という叙述が当てはまることを述べている。また、（54）は、山田について、毎日、「勉強しなかった」という叙述が当てはまることを述べている。つまり、事態の否定が数量表現を持つ場合、全部否定になる。

　これに対して、判断の否定では、ある可能な事態を想定し、それが、成り立たないということを表す。例えば（55）では「全員行った」という判断を否定している。

（55）　彼らは全員行ったのではない。

この場合、「行った」ことを否定しないとすると、「全員」が否定され、「行ったのは全員ではなかった」という部分否定の解釈が得られることになる。

　〈注5〉　数量表現に「は」を付けると、事態の否定でも部分否定の解釈が出て来る。例えば、「彼らは全員は行かなかった。」は、「行ったのは全員ではなく一部だ」という意味になる。これは、「全員行く」という事態を「一部行く」、「大部分行く」等の事態と対比させて、「全員行く」という事態はなかったということを表す表現である（III部8章8節1参照）。

〈参考文献〉

安達太郎『日本語疑問文における判断の諸相』(1999、くろしお出版)

石神照雄「否定と構文」『日本語学』9巻12号 (1990)

工藤真由美「否定の表現」仁田義雄・益岡隆志編『日本語の文法2』(2000、岩波書店)

古座暁子「たずねる文」『教育国語』79号 (1984)

田窪行則「統語構造と文脈情報」『日本語学』6巻5号 (1987)

寺村秀夫「ムードの形式と否定」林栄一教授還暦記念論文集刊行委員会編『英語と日本語と』(1979、くろしお出版)

寺村秀夫・鈴木泰・野田尚史・矢澤真人編『ケーススタディ日本文法』23 (1987、桜楓社)

仁田義雄『日本語のモダリティと人称』4章 (1991、ひつじ書房)

南不二男「質問文の構造」水谷静夫編『朝倉日本語新講座4巻　文法と意味II』(1985、朝倉書店)

宮崎和人『現代日本語の疑問表現：疑いと確認要求』(2005、ひつじ書房)

第8章　提題と取り立て

1節　提題の基本的性格

1　文表現の中には、ある主題を掲げて、それについて何かを述べる、という形式を取るものがある。例えば、「太郎は重い荷物を軽々と運んだ。」という文は、主題として「太郎は」を掲げ、その主題について「重い荷物を軽々と運んだ」という叙述を行っている（Ⅰ部2節5参照）。

　　主題の代表的な表現形式は、前記の文の「太郎は」のような、「名詞＋ハ」の形式である。「は」は、主題を提示する助詞（「提題助詞」と呼ぶ、Ⅱ部9章3節参照）の中で最も重要なものである。

2　主題になるための必要な条件として、取り上げられる名詞が、話の流れ、発話場面の状況、常識等から、どの対象を指し示しているかが特定できるものでなければならない。

　　(1)　一人の男が私に話しかけてきた。（その）男はペンと手帳を手にしていた。（「（その）男」が指し示しているのは、前文で導入された「一人の男」である。）

　　(2)　昨日近くで火事があった。原因はまだ不明だ。（「原因」は、前文の「火事」の原因を指し示す。）

　　(3)　これは私の兄です。（「これ」が何を指し示しているかは、発話場面の状況から明らかである。）

　　(4)　日本語は、複雑な文字で書かれる。（「日本語」が何を指示しているかは、常識から明らかである。）

指し示している対象が特定できない（不特定の）ものは主題にするこ

とができない。

(5)　*一人の男は私に話しかけてきた。

(6)　*どの人はあなたのお兄さんですか。

〈注1〉　疑問語が現れる文は、ガ格が疑問語（II部7章3節参照）を含む場合（例え
ば、「どの人があなたのお兄さんですか。」や「誰が歌っていますか。」）を除
いて、原則として主題（「〜は」の形式）を持つ。

　　　（イ）　コンサートはいつ始まりますか。

　　　（ロ）　市役所はどこですか。

2節　提題助詞「は」と格助詞

1　主題を提示する「は」と、補足語の述語に対する関係を表す格助詞（II
部9章2節、III部1章参照）とは文法的な働きが異なるので、1つの名詞
がこれら2種の助詞を伴うことは珍しくない。その場合、「は」は格助詞
に後続する。

(7)　神戸では先月、神戸まつりが行われた。

(8)　そのホテルからは、街全体が見渡せる。

2　格助詞の中で、「が」と「を」だけは、提題助詞「は」と共に現れるこ
とができない。「は」が用いられる場合、「が」と「を」は表現されない
わけである。

(9)　太郎はテレビのスイッチを入れた。

(10)　この本はどこで買いましたか。

これらの例における「太郎は」と「この本は」は、格助詞で表せば、
それぞれ「太郎が」と「この本を」となる。

(11)　太郎がテレビのスイッチを入れた。

(12)　この本をどこで買いましたか。

〈注2〉　格助詞の「に」にも、同様の現象が見られる場合がある。

　　　（イ）　料理は、主人が最初に箸をつける。（「料理には」の意味）

〈注3〉　主題は一文に1つだけ存在するのが原則であるが、場合によっては一文中

　　　　　に複数の主題が現れることもある。

　　　　（イ）　太郎は、外国語はできますか。

　　　　（ロ）　太郎は、外国語はできません。

3節　総主の構文

1　「象は鼻が長い。」という文には、二重の属性の表現が関係している。
　すなわち、述語「長い」が「鼻」の属性を表現し、さらに、「鼻が長い」
　全体が「象」の属性を表現している。ガ格と述語からなる句（「鼻が長
　い」のような句）の叙述の対象となる主題（「象は鼻が長い」における「象
　は」のような主題）を「総主」と呼ぶ。次の例は、いずれも総主を含む
　文である。

　　　　（13）　神戸は夜景がきれいだ。

　　　　（14）　日本語は文字が複雑だ。

　　　　（15）　カキ料理は広島が本場だ。

　　　　（16）　あの店はあさってがオープンだ。

2　総主を含む文には主として、（13）、（14）のタイプと（15）、（16）のタ
　イプがある。前者は、一般に総主とガ格が「総主＋「の」＋ガ格」とい
　う関係にある。

　　　　（17）　神戸の夜景はきれいだ。

　　　　（18）　日本語の文字は複雑だ。

　　　一方、後者は述語が名詞の述語（「名詞＋判定詞」）であり、総主と述語
　が「総主＋「の」＋名詞の述語」の関係にある。

　　　　（19）　広島がカキ料理の本場だ。

　　　　（20）　あさってがあの店のオープンだ。

3　「ガ格＋述語」の表現形式の中には、慣用句になっているものも多い。
　「背が高い」、「気が強い」、「顔が広い」、「腹が立つ」、等がその例である
　（Ⅲ部13章2節参照）。

　　　　（21）　太郎は背が高い。

(22)　花子はなかなか気が強い。

(23)　鈴木さんは顔が広いから、誰かよい人を紹介してくれるだろう。

(24)　高津さんはその話を聞いて、非常に腹が立ったそうだ。

4節　有題文と無題文

1　主題を持つ文を「有題文」、持たない文を「無題文」という。例えば、(9) は有題文であり、(11) は無題文である（Ⅰ部2節5参照）。

　文が有題文になるか無題文になるかは、述語が状態述語であるか動的述語であるか（Ⅰ部2節2参照）に深く関係する。

2　述語が状態述語である文は一般に、有題文になる。この場合、述語は主題の属性（性質や特徴）を表す。

(25)　日本人は勤勉だ。

(26)　花子は忙しい。

〈注4〉　動的述語であっても、人やものの属性を表すときは、有題文になる。

(イ)　新幹線は時速200キロぐらいで走る。

(ロ)　刺身は生で食べる。

　状態述語の文が主題を表す形式を持たない場合としては、主として、(27) のように主題が省略されている場合（Ⅲ部11章1節参照）と、(28) のような「指定文」（該当者を定める文、Ⅱ部4章4節参照）の場合がある。

(27)　今、忙しいですか。（「あなたは」のような主題が省略されている。）

(28)　あの人が鈴木さんだ。（「鈴木さんはあの人だ。」の意味）

3　述語が動的述語である場合は、有題文にも無題文にもなり得る。このうち、無題文になるのは、客観的に観察される事態をそのまま描写する場合である。主観を加えないで現象をありのまま描写する文という意味で、この種の文は「現象文」等と呼ばれる。

(29)　バスが来た。

(30)　突然、雨が降りだした。

(31)　昨日の午後、太郎が訪ねて来た。

(32)　会議が定刻に始まった。

なお、述語が状態述語であっても、一時的な状態の存在を表す場合は、現象文になることができる。

(33)　雨が降っている。

(34)　外に誰かがいる。

(35)　近所が火事だ。

(36)　空が真っ暗だ。

これに対して、ある主題を設定して、それが関係する事態を表現するときは、有題文になる。

(37)　太郎は、昨日の午後私に会いに来た。

(38)　会議は、予定通り 3 時に始まった。

4　主題は、文の叙述全体に対するものであるので、文の一部を構成するところの接続節（ I 部 4 節参照）には一般に現れにくい。ただし、主節に近い性格の接続節は、この限りではない。この点の詳細は、IV部 5 章 2 節で述べる。

(39)　日本人が勤勉であることは、否定のしようがない。

(40)　太郎が来てくれたとき、私はたまたま外出していた。

(41)　確か、会議は予定通り 3 時に始まったと思う。（主節に近い性格の接続節）

5節　「は」以外の提題助詞

1　主題を提示する助詞には「は」以外に、「なら」、「って」、「ったら」等がある。これらは、主として話し言葉で用いられる。

2　「なら」は主に、相手が持ちだした話題を主題として情報を与える場合に用いられる。

(42)　甲：田中さん見なかったかい。

　　　　乙：田中さんなら、図書館で勉強していたよ。

(43)　甲：ドイツ語の通訳さがしているんだけど。

　　　　乙：ドイツ語なら、山田さんがいいですよ。

　同様の働きをするものに「だったら」がある。

3　「って」は、定義や説明を加える場合に用いる。例えば、言葉の性質自
　体に関して説明を加えたい場合（例 (44)）や、相手の使った言葉の意味
　や名前が指し示す対象が不明の場合（例 (45)）に用いる。

(44)　人間って、悲しい生き物だね。

(45)　甲：田中さんに会ったよ。

　　　　乙：田中さんって、どの田中さん。

　「って」は、名詞以外の要素にも付く。

(46)　甲：ファイルをセーブして下さい。

　　　　乙：ファイルをセーブするってどういう意味ですか。

〈注5〉　文章体では、「って」の代わりに「とは」を用いる。

　　（イ）　愛とは何か。

　　（ロ）　田中とは、あの田中のことであろうか。

6節　取り立ての基本的性格

1　「太郎は哲学も勉強した。」という文は、太郎が勉強したものに哲学以
　外のものがあるということを意味する。また、「太郎は哲学だけ勉強し
　た。」という文は、太郎が勉強したものとしては哲学以外のものはないと
　いうことを意味する。これらの文においては、太郎が勉強した対象が哲
　学であるということだけでなく、他にも勉強したものがあるかどうかに
　ついての情報も与えられている。このように、同類の他の項目との関連
　において、ある項目を取り上げることを「取り立て」と呼ぶ。

2　取り立てを表現するのは、「も」や「だけ」のような助詞である。これら
　の助詞を「取り立て助詞」と呼ぶ。取り立て助詞には他に、「は」、「さえ」、

「でも」、「すら」、「だって」、「まで」、「ばかり」、「のみ」、「しか」、「こそ」、「など」、「なんか」、「なんて」、「くらい（ぐらい）」がある（Ⅱ部9章4節1参照）。

7節　取り立て助詞の文中での位置

1　取り立て助詞は主として、補足語の位置（例えば、（47））と述語の位置（例えば、（48））に現れる。

（47）　鈴木さんすらその事実を知らなかった。

（48）　花子は一次試験に合格しただけだった。

〈注6〉　取り立て助詞が述語の修飾語の位置に現れることもある。

（イ）　ゆっくりとなど過ごしていられない。

2　取り立て助詞が補足語の位置に現れる場合には、格助詞との位置関係が問題になる。取り立て助詞は格助詞の後ろに現れる場合と、前に現れる場合がある。

取り立て助詞は、格助詞の後ろに現れることができる。

（49）　そのことは鈴木さんにすら話していない。

（50）　この商品はここでしか売っていません。

ただし、格助詞の中で、「が」と「を」は一般に取り立て助詞の前には現れない。この点は、「が」と「を」が提題助詞の前に現れないという事実と平行的である（本章2節2参照）。

（51）　太郎まで泣きだした。（「太郎がまで」は不可）

（52）　最近、このことばかり考えている。（「このことをばかり」は不可）

〈注7〉　「を」は、「も」の前に現れることがある。

（イ）　我々はこの点をも考慮しなければならない。

一方、格助詞の前に現れる取り立て助詞は、一部のものに限られる。具体的には、「だけ」、「ばかり」、「など」、「なんか」、「のみ」、「まで」、「こそ」に限られる。しかも、このうち、「まで」と「こそ」については

一般に、後続できる格助詞は「が」に限られる。

（53）　あなただけにお知らせします。

（54）　これこそが私の長年の夢だ。

〈注8〉　「だけ」が格助詞の前に現れる場合と後ろに現れる場合では、意味が異なることがある。

　　　　（イ）　そこには車でだけ行ける。（「他の手段では行けない」の意味）

　　　　（ロ）　そこには車だけで行ける。（「車以外は不要」の意味）

3　取り立て助詞が述語の位置に現れる場合としては、述語のテ形・連用形に後続する場合と、述語の基本形・タ形に後続する場合がある。

　前者の場合、動詞については、テ形に後続する場合と、連用形に後続し形式動詞「する」を後ろに伴う場合とがある。

（55）　ゆっくりしてなどいられない。

（56）　調べもしないで、どうしてそんなことがわかるのですか。

　イ形容詞については、連用形に後続し形式動詞「ある」を伴う。また、ナ形容詞と名詞述語については、テ形に後続し形式動詞「ある」を伴う。

（57）　鈴木さんの言葉はすがすがしくさえあった。

（58）　花子はその上、勤勉でもある。

（59）　Ａ市はその地方の文化の中心でもある。

　一方、述語の基本形・タ形に後続するのは、「だけ」と「ばかり」に限られる。「だけ」と「ばかり」は、「〜だけ／ばかりでなく、〜」という慣用表現でよく用いられる。

（60）　今回は、委員長と話し合っただけだ。

（61）　鈴木さんは、外国の事情に詳しいばかりでなく、日本のこともよく知っている。

〈注9〉　「だけ」、「ばかり」は名詞的な性格を持つ。そのため、ナ形容詞は「だけ」、「ばかり」に先行するとき、連体形の形を取る。

　　　　（イ）　これは、携帯に便利なだけでなく、寿命も長い。

　　　　ちなみに、「だけ」、「ばかり」を伴う名詞は、「の」を介して他の名詞を修

　　　　　飾することができる（III部9章1節参照）。

　　　　（ロ）　ここだけの話

4　取り立て助詞どうしが接続される場合がある。この場合、接続される
　取り立て助詞は原則として、類似した意味を表すものである。

　　（62）　専門家さえも、はっきりとした答を持っていない。

　　（63）　今は、これだけしか言えません。

8節　取り立て助詞の主な用法

1　「は」は、他の項目との対比の意味を表す。

　　（64）　風は強いが、雨は降っていない。（「風」と「雨」の対比）

　　（65）　昼は会社で働き、夜は大学で勉強する。（「昼」と「夜」の対
　　　　　比）

2　「も」、「さえ」、「でも」、「すら」、「だって」、「まで」は、取り立てられ
　たもの以外に該当するものが存在することを表す。

　　このうち、「も」は、他のものにも同じ事態が成り立つことを表す場
　合（例（66））と、当該の事態について成り立つ可能性が低いと考えられ
　るものが実際には成り立つ、ということを示すことにより意外性を表す
　場合（例（67））がある。

　　（66）　それを見て、花子も泣きだした。

　　（67）　猿も木から落ちる。

　「さえ」の用法には、意外性を表す用法（例（68））と、条件表現（IV部
　2章5節参照）において「それで十分」という意味を表す用法（例（69））
　がある。

　　（68）　今の調子では、予選に出ることさえ難しい。

　　（69）　試験に通りさえすれば、何も問題はない。

　「でも」の用法には、意外性を表す用法（例（70））と、例示の用法（例
　（71））がある。

　　（70）　そんなことは、子供でも知っている。

（71）　お茶でも飲みましょう。

「すら」、「だって」、「まで」は、いずれも意外性を表す。このうち、「すら」は文語的、「だって」は口語的である。

（72）　太郎は、その人の名前すら思い出せなかった。

（73）　そんなことは、僕にだってわかるよ。

（74）　いつもはおとなしい花子までが大騒ぎした。

3　「だけ」、「ばかり」、「のみ」、「しか」は、取り立てられたもの以外に該当するものがない、という「限定」の意味を表す。このうち、「しか」は、述語の否定形と共に用いられ、他のものについては成り立たないという否定の意味を強調する。また、「のみ」は、文語的である。

（75）　太郎だけがその場面を目撃した。

（76）　花子は、暇があれば、ショッピングに出かけてばかりいる。

（77）　高津さんは、委員会の席でのみ弁明することを許された。

（78）　鈴木さんは、音楽はクラシックしか聴かない。

〈注10〉「ばかり」は、しばしば表現者の否定的な価値判断（好ましくないという判断）を表す。

　　（イ）　花子はいつも本を読んでばかりいる。

4　「こそ」は、他のものではなく、特にある項目を取り立てる、という意味（特立の意味）を表す。

（79）　この問題を解決することこそが、我々の務めだ。

（80）　今年こそ、あなたとの約束を果たしたいと思っています。

5　「など」、「なんか」、「なんて」には、例示の用法（例（81））と、当該の事態を成り立たせるものからは全くかけ離れている、ということを示すことにより否定を強調する用法（例（82））がある。「なんか」と「なんて」は口語的である。

（81）　とりあえず、この本など読んでみたらいかがでしょうか。

（82）　旅行に行く気になど、とてもなれない。

6　「くらい」は、「最低限」の意味を表す。

　　(83)　私だって、「ファッショナブル」という語くらい知っている。

　　(84)　せめて、基本的なルールくらい守ってほしい。

9節　取り立て助詞と数の表現

1　「は」は、数の表現と共に用いられると、「それ以下ではない」の意味
　を表す。

　　(85)　見たところ、100 人はいるようだ。

　　　　　（「100 人以下ではない」の意味）

　否定表現の場合は、「〜未満である」という意味を表す。

　　(86)　見たところ、100 人はいないようだ。

　　　　　（「100 人未満である」の意味）

2　「も」は、数の表現と共に用いられると、当該の数が予想外に大きい数
　であるという意味（意外性）を表す（例 (87)）か、概数の意味または「多
　く見積もっても」の意味を表す（例 (88)）。

　　(87)　今度の試験では、90 点も取れた。

　　(88)　1 万円もあれば、十分だと思います。

　〈注11〉　当該の数が予想外に小さい数であるという意味は、「しか」で表される。

　　　　　（イ）　今度の試験では、60 点しか取れなかった。

　「も」が「1」という数と共に使われると、「全然〜ない」という強い否
　定を表すことができる。

　　(89)　現場を見た人は一人もいない。

　　(90)　私はもう 1 秒も待てない。

3　「ばかり」、「くらい」は、数の表現と共に用いられると、概数の意味を
　表す。

　　(91)　10 分ばかり待っていると、太郎がやって来た。

　　(92)　見たところ、100 人くらいいるようだ。

　〈注12〉　「ほど」、「頃」も、数と共に用いられて、概数の意味を表す。「頃」は時刻
　　　　　の表現に用いる（II 部 13 章 3 節 1 参照）。

　（イ）　10 分ほど、待って下さい。

　（ロ）　太郎は昨夜、11 時頃家に帰った。

〈参考文献〉

尾上圭介「主語と述語をめぐる文法」尾上圭介編『朝倉日本語講座 6 巻　文法 II』(2004、朝倉書店)

久野暲『日本文法研究』2 章・3 章・25 章・26 章 (1973、大修館書店)

澤田美恵子『現代日本語における「とりたて助詞」の研究』(2007、くろしお出版)

寺村秀夫『日本語のシンタクスと意味 III』7 章 (1991、くろしお出版)

丹羽哲也『日本語の題目文』(2006、和泉書院)

沼田善子『日本語文法セルフマスターシリーズ 5　「も」「だけ」「さえ」など：とりたて』(1992、くろしお出版)

沼田善子『現代日本語とりたて詞の研究』(2009、ひつじ書房)

野田尚史『日本語文法セルフマスターシリーズ 1　はとが』(1985、くろしお出版)

野田尚史『「は」と「が」』(1996、くろしお出版)

三上章『象は鼻が長い』(1960、くろしお出版)

第9章　名詞句の構造

1節　名詞修飾の表現

1　名詞に修飾語を付けて、その名詞の意味を限定したり、その名詞が指す対象の属性を述べたりすることができる。

　名詞を修飾することができる語（語句）には、連体詞（Ⅱ部10章参照）のように、名詞修飾の働きを基本とするもの、形容詞（Ⅱ部3章参照）、動詞のように、名詞修飾の用法を持っているもの、名詞修飾の働きを持たない語（語句）に「の」を付けて名詞修飾の機能を持たせたもの、「という」、「といった」のような引用の形式や「のような」、「みたいな」の形式を伴ったもの、等がある。

2　動詞は、基本形の形で名詞を修飾することができる。

　　(1)　食べるもの

　　(2)　話す人

　動詞のタ形の中には、名詞修飾をする際、動詞としての性質を失い、連体詞的に使われるものがある。このような動詞は、原則として状態変化を表すものに限られる。連体詞的に使われるこの種の動詞のタ形は、単なる状態を表し、その状態に至る変化の過程は問題とされない。このような動詞タ形には、「太った、やせた、変わった、曲がりくねった、澄んだ、劣った」等がある。

　　(3)　3日で3キロ太った人もいる。（出来事を表す）

　　(4)　この服は太った人でも着られます。（単なる状態を表す）

　〈注1〉　結果の状態は、「ている」形でも表すことができる。「ている」形は、動詞

162

の性質を保持しており、名詞修飾だけでなく述語としても使うことができる。また、時の表現を用いて時を限定することも可能である（Ⅲ部 5 章 7 節参照）。

（イ）　やせている人

（ロ）　あの人はやせている。

（ハ）　今やせている人でも、年をとると基礎代謝が落ちて太りやすくなります。

3　「の」を介し、名詞を修飾できるものには、次のようなものがある。

◆　「名詞＋「の」」：「私の本」、「英語の勉強」

（5）　午後から英語の勉強をしないといけない。

◆　「数量名詞＋「の」」：「多くの研究者」、「3 冊の本」（Ⅱ部 6 章 3 節、Ⅲ部 3 章 5 節参照）

（6）　ここでは多くの研究者が日夜、研究を重ねている。

〈注2〉　「多くの」は、修飾される名詞が指す集合の量的な大きさを表し、「多い」は、「間違いが多い本」のように、修飾される名詞の持つ属性を表す。「少しの」と「少ない」の違いも同様である。

◆　「名詞＋格助詞＋「の」」：「カナダからの手紙」、「東京までの切符」、「東京からの帰り」、「責任者との話し合い」

（7）　最近、中国からの留学生が増えた。

（8）　責任者との話し合いが必要だ。

格助詞のうち、ガ格、ヲ格、ニ格は、「の」を伴うことができない。ただし、ニ格のうち、移動の着点、動作の相手、動作の対象、等（Ⅲ部 1 章 2 節 4 参照）を表す場合は、ニ格のかわりに、ヘ格を用いることができる。

（9）　神戸への到着は 7 時頃になるだろう。

（10）　企業の政治家への献金は認められるべきではない。

（11）　私へのご遠慮は無用に願います。

◆　「名詞＋格助詞相当句＋「の」」：「中国についての研究」、「人間としての生活」（Ⅲ部 1 章 5 節参照）

（12）　人間としての最低限の生活を保障しなければならない。

　　動詞テ形を含む格助詞相当句のうち、「によって」、「に関して」、「に対して」、等は、「この計画に関する調査」のように、名詞修飾の際には基本形を使うことも多い。ただし、「について」、「にとって」のように、慣用化の度合の高いものは基本形を使うことができない。

◆　「副詞＋「の」」：「全くの嘘」、「たくさんの人」、「たびたびの失言」、「かつての恋人」、「突然のお便り」、「あいにくの雨」

（13）　突然のお便りに、正直言って、少し驚きました。

　　副詞のうち、程度の副詞、量の副詞、テンス・アスペクトの副詞、評価の副詞、等は、「の」を介して名詞を修飾することができる（II部8章参照）。

　〈注3〉　「ゆっくり（と）」、「ゆったり（と）」、「はっきり（と）」、「堂々と」、「平然と」、等の様態の副詞（II部8章2節参照）は、「ゆっくりとした」、「堂々とした」のように、名詞修飾をする場合、「（と）した」を伴う。

　　（イ）　彼は、そう言われても平然とした顔をしていた。

　〈注4〉　「〜てから」、「〜まで」等の時を表す副詞節、「〜ながら」等の付帯状況を表す副詞節は、「の」を介して名詞を修飾することができる。

　　（イ）　彼女が来るまでの時間をどうやってつぶそうか。

　　（ロ）　働きながらの勉学は困難を極めた。

　　また、接続表現のうち「〜まま」、「〜とおり」のように、形式名詞を含むものは、当然、「の」を介して名詞を修飾することができる。

　　（ハ）　彼が言ったとおりの結果でした。

4　「名詞1＋「の」＋名詞2」は、「名詞1＋「の」」が、名詞2を限定修飾する場合と、名詞2の補足語として働く場合とがある。

　　限定修飾の具体的意味としては、「私の本」のような所有関係、「テーブルの足」のような全体・部分の関係、「明日の朝刊」のような時間的限定、「駅の電話」のような場所的限定、「煉瓦の家」のような材料の限定、「バラの花」のような種類の限定、「文法の話」のような内容の限定、等

様々なものがある。

　一方、補足語として働く場合というのは、「客の到着（客が到着すること）」、「古代語の研究（古代語を研究すること）」、「鈴木さんの古代語の研究（鈴木さんが古代語を研究すること）」のように格関係（具体的には、主にガ格とヲ格）を表すものである。

5　「名詞1＋「という」＋名詞2」は、「田中という人」のように、「名詞1という名前を持つ名詞2」を表すことができる。また、「教師という職業」のように名詞2が、名詞1が属する範疇の上位の範疇を表す場合もある。この場合、「教育という分野」、「教育という仕事」、「教育という観点」、「教育という行為」、「教育というもの」のように、名詞2は、名詞1の上位範疇を表すことで、話の中で問題としたい名詞1の特定の側面を引き出す効果を持つ。

　「名詞＋「といった」＋名詞」は、「台湾、韓国といったNIES諸国」のように、例を挙げる場合に用いられる。

　「名詞＋「のような／みたいな」＋名詞」は、「スマホのようなIT機器」のように、例示をしたり、「おまえのような奴」のように対象の名詞の属性を問題にしたりする。

　また、「リンゴのような頬」のように、名詞の持つ特定の属性を比況の表現（III部6章11節参照）によって表す場合もある。

6　「田中氏その人」、「この問題そのもの」のような強調表現では、「の」を介さず、名詞を並置した形を用いることができる。名詞を並置した表現には、他に「切手7枚」のような表現（III部3章5節参照）や、「何か冷たいもの」のような表現がある。

2節　「の」による名詞の代用

1　限定修飾を受けた名詞は、繰り返される場合や文脈から明らかな場合には、「の」で代用することができる。

　（14）　このセーターは小さいので、大きいのと替えて下さい。

　　この場合、限定修飾をする表現には、形容詞、連体詞、動詞のタ形、連体節（IV 部 3 章参照）等がある。

　　（15）　もっと簡単なのがいいなあ。

　　（16）　あの店には変わったのがある。

　　（17）　今回のレポートの中に、2 年生が書いたので、非常におもしろいのがありました。

　「の」による名詞の代用は、原則として人を表す名詞には使えない。人を表す名詞を「の」で代用すると、物扱いをしている感じがして多少失礼になる。

　　〈注5〉　判定詞を伴って述語として使われた名詞の代用には「の」は使われず、「もの」等を使う。また、硬い文章体では、「の」よりも「もの」の方が好まれる。

　　　　（イ）？この製品はあまりいいのではない。

　　　　（ロ）　この製品はあまりいいものではない。

2　「名詞＋「の」」、「名詞＋格助詞＋「の」」等の、「の」を介して名詞を修飾する形式も、それが限定修飾を表すときは多くの場合、修飾される名詞を「の」で代用することができる。この場合、「〜のの」という重複形は使われず、「〜の」の形が用いられる。

　　（18）　この番組に寄せられるメールは、10 代の女の子からのが一番多いですね。

　「英語の勉強」のように、限定修飾を表さない「名詞＋「の」」には、このような代用形は使われない。

3節　名詞の並列の表現

1　名詞を並列して名詞句を作る方法は、その意味内容から「総記」、「例示」、「累加」、「選択」の 4 つに分類することができる。

2　「総記」は、該当する要素をすべて述べあげる並列表現である。普通はそれ以外の要素はないことを含意する。総記を表す並列表現には、

「と」、「そして」、「ならびに」、「及び」、「かつ」、等がある。

　（19）　私は英語とフランス語が話せます。

　（20）　希望者は、住所、氏名、及び、電話番号を記入して下さい。

3　「例示」は、該当するものの中の代表的なものを例として述べる並列
　表現である。したがって、他にもまだ要素があることが含意される。例
　示の並列表現には、「や」、「やら」、「だの」、「とか」、「なり」等がある。
　また、他にも該当する要素があることを表す接尾辞的な表現として「な
　ど」、「なんか」が用いられる。

　（21）　北海道や九州は、まだ行きたいところがたくさんある。

　（22）　この近くには温泉とか野球場とかがあって、とても楽しいで
　　　　　す。

　（23）　おすし、メロン、アイスクリーム等を食べました。

　「とか」は、「など」、「なんか」と同じように、1 つだけ例を挙げる場
　合（Ⅲ部 8 章 8 節 5 参照）や、他の並列表現と組み合わせる場合にも、使
　うことができる。この用法は多少くだけた話し言葉に限られる。

　（24）　美智子の相手だけど、山田君とかどうだろう。

　（25）　山田や田中とかは、まだそのことを知らないらしい。

4　「累加」は、該当する要素を、次々と数え上げていくときに使う並列表
　現である。累加の表現には、「も」、「に」、等がある。

　（26）　田中も、山田も、道田も、みんな落第してしまった。

　（27）　甲：どんなもの、ごちそうになったの。

　　　　　乙：ええと、おすしに、メロンに、それから、アイスクリー
　　　　　　　ム。

　「も」は、最終的にすべてを数え上げるのが普通である。一方、「に」
　は、単純加算を表し、要素を付け加えていくだけである。

　〈注6〉　並列表現に用いられる「も」は、取り立て助詞の「も」（Ⅲ部 8 章 6 節参照）
　　　　　が並べられたものであり、格助詞を後続させることはできない。疑問語に
　　　　　「も」を付けると「すべての（人、もの、場所）」という意味になり、格助詞

を後続させることができるが、「だれ」以外は「も」の後に「〜かも」を付けるのが普通である。

（イ）＊田中も山田も道田もが、みんな落第してしまった。

（ロ）　それは誰もが知っていることだ。

（ハ）　なにも（かも）が珍しかった。

5　「選択」は、要素の選択をする場合に用いられる並列表現である。選択の並列表現には、「か」、「または」、「もしくは」、「あるいは」、「ないし（は）」、等がある。

（28）　日曜日の午後か、月曜日の午前中に来て下さい。

（29）　英語、あるいは、仏語の会話能力が要求される。

6　並列される要素の最後のものに並列の形式が付くかどうかは、形式によって異なる。代表的な形式である「と」、「や」、「も」、「か」について言えば、「と」は付いても付かなくてもよく、「や」と「か」は付加されず、「も」は必ず付加されなければならない。

（30）　机と椅子（と）を並べて下さい。

（31）　机や椅子を並べて下さい。

（32）　コーヒーか紅茶がいいと思います。

（33）　コーヒーも紅茶も好きだ。

〈参考文献〉

久野暲『日本文法研究』8 章（1973、大修館書店）

鈴木康之「ノ格の名詞と名詞との組み合わせ（1）〜（4）」『教育国語』55 号・56 号・58 号・59 号（1978 〜 1979）

寺村秀夫「並列的接続とその影の統括命題」『日本語学』3 巻 8 号（1984）

寺村秀夫『日本語のシンタクスと意味III』8 章（1991、くろしお出版）

中俣尚己『日本語並列表現の体系』（2015、ひつじ書房）

西山佑司『日本語名詞句の意味論と語用論：指示的名詞句と非指示的名詞句』（2003、ひつじ書房）

矢澤真人「修飾語と並立語」北原保雄編『講座日本語と日本語教育 4 巻　日本語の文法・文体（上）』（1989、明治書院）

第 10 章　指示

1節　基本的性格

　指示表現は、話の現場の要素を、話し手、聞き手との空間的位置関係を基準として位置づけたり、話題の中の要素を先行詞との関係や時間的位置関係に位置づける役目を果たす。

　日本語では、話の現場の要素や話題の中の要素を、話し手の領域、聞き手の領域、共通の領域、の3つの領域に分ける。話の現場の要素を指示する場合を「現場指示」と呼ぶ。話の中の要素を指示する場合を「文脈指示」と呼ぶ（Ⅱ部7章参照）。

2節　現場指示

1　現場にあるものを指して言う場合、話し手の近くにあるものは「こ」系列、聞き手の近くにあるものは「そ」系列、どちらからも遠いものは「あ」系列で指す。

　　(1)　　甲：これを見て下さい。

　　　　　乙：それは何ですか。

　　　　　甲：これは、わが社の開発した最新型の水素エンジンです。

　　(2)　　甲：あの機械はどこの社の製品でしょう。

　　　　　乙：あれは、A社の量子コンピュータです。

　ただし、聞き手と自分とが、並んで立っていたりして、同じ視点からものを見るときは、近くにあるものを「こ」系列、遠くにあるものを「あ」系列で指す。独り言の場合も、同様である。

(3)　　甲：これはおたくの製品ですか。

乙：これは、うちの系列会社で出しているものです。

〈注1〉　「そ」系列は、聞き手と同じ視点に立っている場合や独り言の場合には、話し手から近くも遠くもない位置を指すことがある。

（イ）　すみません、そこの信号の手前で止めて下さい。

〈注2〉　「こ」系列は、現在に関係する時間表現と共に用いられる。そのような時間表現には、「このところ」、「このごろ」、「ここ2、3日」のように、少し以前から現在までの期間を表すもの、「この間」、「この前」のように、近い過去を表すもの、「この3月」、「この夏休み」等のように、比較的近い未来を表すものがある。

2　「こ、そ、あ」の使い分けは、物理的な距離というより、心理的な領域に基づいて決められる。物理的には自分に近い場合でも、心理的に聞き手の領域にある場合には「そ」系列が用いられる。

(4)　　甲：（背中を押しながら）どこが痛いの。

乙：そこです。

3　「これ」、「それ」、「あれ」は、原則として、人間以外のものに使う。人間にこれらを使うことができるのは次の場合に限られる。

◆「これ」：相手といっしょに見ている写真や絵の中の人物を指して、それが誰かを尋ねたり、答えたりするとき、あるいは、目下のものを相手に紹介するとき。

(5)　　これは誰ですか。

(6)　　これは、私の娘です。

◆「それ」：相手が持っている写真や絵の中の人物を指して、それが誰かを尋ねたり答えたりするとき。

(7)　　それは誰ですか。

◆「あれ」：遠くにいる人物や、遠くにある写真や絵の中の人物を指して、それが誰かを尋ねたり答えたりするとき。

(8)　　あれは誰ですか。

　　また、これらは、当の人物が誰であるかを問題にする場合にしか使え
ず、例えば、その人物が何をしているか、等を尋ねる場合には使えない。

　　(9)　　あれは何をしているの。(「あれ」は人でなく状況を指す。)

4　「こう」、「そう」、「ああ」が動作の様態を表すときには、現場指示でし
か使えない。つまり、聞き手に動作を直接示しながら説明したり、確認
をしたりするときにしか用いることができず、話の内容を文脈指示的に
受けることはできない。

　　(10)　上の方を持って、こうねじって下さい。

　　(11)　甲：こちらを見て下さい。バットは脇を締めてこう振り抜くん
　　　　　　　です。

　　　　　　乙：なるほど、そうするんですか。

〈注3〉　話の内容を文脈指示的に受ける場合は、「そのように」、「そういうふう
　　　に」等の複合形の系列（Ⅱ部7章2節参照）を使う。複合形の系列は、現場指
　　　示的に使うこともできる。

　　　(イ)　甲：田中さんは、英語が上手だそうですね。

　　　　　　　乙：ええ、僕もあんなふうに(*ああ)英語が話せたらと、いつもう
　　　　　　　　　らやましく思っています。

　　　(ロ)　上の方を持って、このようにねじって下さい。

　　　なお、「そう思う」や「こう言う」のように、思考や発言の内容を受ける
　　　場合には、文脈指示的に「こう」、「そう」、「ああ」を用いることができる。

　　　(ハ)　甲：山田君は、なかなかの人物ですね。

　　　　　　　乙：僕もそう思います。

3節　文脈指示

1　指示語が話の中に出た要素を指したり、記憶の中の要素を指す場合を
文脈指示という。

2　文脈指示の「こ」は、直前の話題の中の対象、または、これから話題
にしようとする対象を指す。

「こ」が指す、直前の話題は、自分が話題として出したものでも、聞き手が出したものでもよい。

(12)　僕の友達に酒好という人がいるんだけど、この人は名前と違って、一滴もお酒が飲めないんだ。

(13)　甲：だから、うちのプロジェクトは、かなり実現の可能性が出てきているんだ。

　　　乙：このプロジェクトには、我々も参加できるんですか。

これから話す話題を先取りする「こ」の用法は、エピソード、思考内容、発言内容を先取りする場合に限られる。これから述べる話題を先取りする用法は、「そ」、「あ」にはない。

(14)　1年ほど前にこんなことがありました。それは、私が課長になって浮かれていたときのことです。……

(15)　私は、こう考えています。つまり、大学では予算の関係で大型のプロジェクトは実行できない。したがって、民間の活力を十分に活用すべきなんです。

3　「そ」は、話の中に出てきた要素を指す。対話相手の言った内容を受けたり、話し手が自分の話題に出てきた要素を指したり、仮定の内容の要素を指したりするときに用いられる。

(16)　甲：こんどみんなでキャンプに行かない。

　　　乙：それは、いいね。

(17)　去年の夏に今戸というところに行ってきた。そこは、まだ観光開発が進んでいなくて、とてもいいところだった。

(18)　もし、10年前にプロポーズしてくれる人がいたら、その人と結婚していたでしょう。

〈注4〉　「その」には、名詞の所有関係を示す用法がある（III部9章1節4参照）。「あの」、「この」には、この用法はない。

　　　（イ）　このカードは、会員とその家族が使用できます。

　　　（ロ）　私は彼の作品を読んで、その才能に感嘆した。

4　「あ」は、記憶の中の要素を指したり、聞き手と共通に体験した要素を指したりする。

(19)　去年、確か山田の家に行ったなあ。あれは、いつのことだったかなあ。

(20)　甲：高校のとき、山田っていう奴が3組にいただろう。

　　　乙：ああ、あいつがどうかしたか。

5　話し手が自分の出した話題の中の対象を述べる場合は、「そ」と「こ」の両方が使える場合が多い。

(21)　僕の友達に酒好という人がいるんだけど、その／この人は名前と違って、一滴もお酒が飲めないんだ。

(22)　大学では大型プロジェクトは実行できない。そう／こう言っている人もいるんです。

(23)　キャンプなら、今戸というところはどうだい。そこ／ここは、まだ観光開発が進んでいなくて、とてもいいところだよ。

　「そ」の方が、距離を置いた客観的記述になり、記述として完結した感じを与える。「こ」を使うと、「こ」で指されたものが、今話題の中心となっており、その話題がさらに継続するという感じを与える。

6　述語が表す内容を指す表現として、「そうする」、「そうだ」が用いられる。「そうする」は動的述語に対して、「そうだ」は状態述語に対して、それぞれ用いられる（Ⅲ部7章5節2参照）。

(24)　甲：僕は、3時の新幹線に乗るけれど、君はどうする。

　　　乙：じゃ、僕もそうする。

(25)　太郎は、神戸の出身だ。花子も、確かそうだと思う。

　ただし、動的述語に対して「そうする」が使えるのは、意志動詞（Ⅱ部2章2節3参照）の場合に限られる。

(26)　太郎は風邪をひいた。*花子もそうした。

〈**参考文献**〉

金水敏「代名詞と人称」北原保雄編『講座日本語と日本語教育 4 巻　日本語の文法・文体 (上)』(1989、明治書院)

金水敏・木村英樹・田窪行則『日本語文法セルフマスターシリーズ 4　指示詞』(1989、くろしお出版)

金水敏・田窪行則編『指示詞』(1992、ひつじ書房)

田窪行則「ダイクシスと談話構造」近藤達夫編『講座日本語と日本語教育 12 巻　言語学要説 (下)』(1990、明治書院)

田窪行則『日本語の構造：推論と知識管理』3 部 5 章 (2010、くろしお出版)

田中望・正保勇『日本語教育指導参考書 8　日本語の指示詞』(1981、国立国語研究所)

第11章 省略、繰り返し、語順転換、縮約

1節 省略

1　文脈から予測できたり、一度話題になった要素は、省略されることが多い。省略される要素は、主題、補足語、述語、助詞、主節、等、非常に多岐にわたる。

2　主題として提示された名詞は、その話題が続く限り、原則として、繰り返さず、省略される（Ⅲ部8章4節2参照）。

(1)　鯨は魚ではない。（鯨は）ほ乳類だ。

(2)　彼女は私の方を見た。（彼女は）私を哀れんでいた。

(3)　甲：君、あの本読んだ？

　　　乙：うん、（僕は）読んだ。

「私」、「あなた」等のような、話の現場の要素は、主題として言葉で表されていなくても、既に話題に出ていると見られるときは、省略される。また、聞き手もいっしょに見ていると想定される現場の要素や、その時点で聞き手も共通の話題としていると想定される要素も省略してかまわない。

(4)　（君）あの本読んだ？

(5)　（君が持っている本）おもしろそうだね。

(6)　（今度の試験）どうだった。

3　話の中で主題として導入された名詞以外でも、導入されてから話の主題となる場合は、省略してよい。

(7)　男が入ってきた。（男は）銃を持っている。

(8)　妻に出て行けといったら、（妻は）ほんとうに出て行ってしまった。

4　疑問文に対する答えの文では、述語のみを残して、補足語等を省略することが可能である（III部7章5節参照）。

(9)　甲：昨日、田中さんに会いましたか。

乙：ええ、（昨日田中さんに）会いました。

(10)　甲：彼がこの事実を隠していたことをご存じですか。

乙：（彼がこの事実を隠していたことは）知りません。

5　疑問文では、文脈から明らかな場合、主題を残して、述語部分を省略することができる。

(11)　山田は（どこにいるの）。

(12)　裕介はどこ（にいるの）。

疑問の答えでも、答えの焦点となる要素を残して、述語を省略することが可能である。この場合、文の形を保つために、判定詞を付けるのが普通である（III部7章5節3参照）。

(13)　甲：誰が勝ちましたか。

乙：山田です。

6　話し言葉では、格関係が文脈で明らかである場合は、格助詞を省略することが多い。省略される格助詞は、「を」が最も多く、「が」がこれに次ぐ。(14)のように疑問文になるばあいは特にそうである。他の格助詞は原則として省略しない。

(14)　ご飯（を）食べた？

(15)　あれ、雨（が）降ってる。

7　提題の「は」も話し言葉では、省略される場合が多い。この場合、まだ言葉として話題に出ていないものを話題として導入し、それについて、何かを述べる場合が多い。「は」を使うと対比の意味が出るので（III部8章8節1参照）、それを避ける意味あいもある。

(16)　これ（は）、いくらですか。

　　(17)　あいつ (は)、どこ行ったのかな。

8　　従属節だけを述べれば、結論が推測できる場合、主節を省略すること
　　ができる。自分が結論を出すより、相手に出させるほうが丁寧になる場
　　合、結論を曖昧にしたい場合、結論部分が慣用的に決まっている場合、
　　等に使われる。

　　(18)　田中ですけど (山田君いますか)。

　　(19)　私はここにいますから (用があったら呼んで下さい)。

　　(20)　あなたも行けば (どうですか)。

　　(21)　君も行けばいいのに (なぜ行かないの)。

　　(22)　行かなくては (いけない)。

9　　疑問の答えや、相手の言葉に対して意見を言う場合、「だろう」、「ら
　　しい」、「かもしれない」のような概言のモダリティを表す表現 (Ⅲ部6章
　　9節参照) だけを残して、先行する要素を省略できることがある。

　　(23)　甲：この家は高いでしょうね。

　　　　　　乙：(この家は高い) だろうね。

2節　繰り返し

1　　本来省略すべき要素を省略しないで繰り返すと、場面の転換や強調と
　　いった特別の効果が出る場合が多い。

2　　主題を省略せずに、繰り返す場合、場面の転換があることが多い。

　　(24)　田中に会った。忙しそうだった。田中はいつも忙しそうにして
　　　　　いる。

　　　(24) では、「田中」が話題の中心であるが、「田中」を省略していない
　　文では、その場面での状態でなく、田中のいつもの性質を説明している。
　　この場合、2番目の「田中」を省略すると、この場面で話者が持った感
　　想の報告になる。

3　　連体修飾語や感情形容詞の繰り返しは、程度の強調を表すのが普通で
　　ある。

(25)　国境の長い、長いトンネルを抜けると、また、トンネルだった。

(26)　寒い、寒い。

4　感動詞（Ⅱ部12章参照）は、繰り返される場合が多い。

(27)　これは、これは、お忙しいのに、いらしていただいて。

(28)　いえ、いえ。

(29)　どうも、どうも。

3節　語順転換

　　種々の事情により、語順が転換することがある。語順の転換には主として、要素の前置と要素の後置がある。

　　要素の前置には、前の文脈に関係する要素を前置する場合や長い要素を前置する場合がある。

(30)　そのことを二人は延々と議論した。

(31)　最近レストランができたとかいう公園に二人は歩いて行った。

　　一方、要素の後置には、重要度の低い要素を文末に置くものがある。

(32)　美しい街ですよ、神戸は。

(33)　来た、来た、バスが。

4節　縮約

　　くだけた話し言葉では、単語や語句の縮約が起こることがよくある。縮約の仕方は、方言や場面、各単語によって異なるが、よく使われるものとしては、次のような例がある。

◆　〜ければ＞きゃ、きゃー

(34)　早く行かなきゃいけないんだ。

◆　〜けれども＞けれど＞けど

(35)　僕、もうやめちゃうけど、君はどうするの。

◆　〜てしまう＞ちゃう、ちまう

（36）　あ、間違えちゃった。

（37）　汚れちまった。

◆〜ては＞ちゃ（〜では＞じゃ）

（38）　噂を信じちゃいけないよ。

◆〜ではない＞じゃない

（39）　冗談じゃない。

◆〜ている＞てる

（40）　今何してるの。

◆〜ておく＞とく

（41）　ここに置いとくよ。

◆〜のだ＞んだ、〜ので＞んで

（42）　ちょっと、急ぎますんで失礼します。

◆〜れは＞りゃ

（43）　そりゃいい。

◆〜れば＞りゃ、りゃー

（44）　そんなにやめたきゃ、やめりゃいいじゃないか。

◆〜ラ行音＋鼻音＞「ん」＋鼻音

それなら＞そんなら、たまらない＞たまんない、

してるの＞してんの

◆長音の短音化

だろう＞だろ、でしょう＞でしょ

〈参考文献〉

久野暲『談話の文法』1章（1978、大修館書店）

佐伯哲夫『現代日本語の語順』（1975、笠間書院）

寺村秀夫・鈴木泰・野田尚史・矢澤真人編『ケーススタディ日本文法』21（1987、桜楓
　　社）

牧野成一『くりかえしの文法』（1980、大修館書店）

三上章『文法小論集』10（1970、くろしお出版）

第 12 章　分化文と未分化文

1節　基本的性格

　　文には、述語を中心として組み立てられたものの他に、そのような組み立てを持たないものがある。前者を「分化文」、後者を「未分化文」と呼ぶ。(1) は分化文の例であり、(2) は未分化文の例である。

　　(1)　　太郎は荷物を軽々と運んだ。

　　(2)　　はい、これ。

2節　分化文の表現の種類

1　　分化文は、表現の面からは、主として「平叙文」、「疑問文」、「命令文」、「感動文」に分かれる。このうち、平叙文は、何らかの情報を伝える文である。

　　(3)　　花子は、昨日芝居を見に行った。

　　疑問文は、情報を求める文である（疑問文の詳細についてはⅢ部7章を参照のこと）。

　　(4)　　花子は、昨日芝居を見に行きましたか。

　　命令文は、行為を要求する文である（命令文の詳細についてはⅢ部6章3節を参照のこと）。

　　(5)　　ぜひ、芝居を見に行きなさい。

2　　感動文は、表現者の詠嘆や驚きの気持ちを表出する文である。文末が「～だろう」、「～か」、「～ものだ」、「～ことだ」、「～ことか」、等で終わることが多い。

(6)　なんて美しいんだろう。

(7)　何だ、君来ていたのか。

(8)　よく間に合ったものだ／ことだ。

(9)　何度あきらめかけたことか。

3節　未分化文の表現の種類

1　未分化文にも、平叙文、疑問文、命令文、感動文が存在する。

(10)　あっ、雪。(雪が降っている、という情報を伝える平叙文)

(11)　雪？(雪が降っているのか、という意味の疑問文)

(12)　おい、新聞。(新聞を取ってくれ、という意味の命令文)

(13)　まあ、きれいな夜空！(感動文、Ⅱ部12章2節参照)

2　未分化文には、さらに、表現時点での感情・感覚を表すもの(例(14))、受け答えを表すもの(例(15))、呼びかけを表すもの(例(16))、等がある(Ⅱ部12章2節参照)。

(14)　あいたっ。やった。

(15)　はい。ふうん。なるほど。

(16)　おい。こら。もしもし。

4節　儀礼の慣用表現

　未分化文の中の重要なものに、儀礼の慣用表現がある(Ⅱ部12章2節参照)。

(17)　お早う(ございます)。こんにちは。おやすみ(なさい)。さようなら。ごめん下さい。失礼します。ありがとう(ございます)。すみません。おめでとう(ございます)。お疲れさま(です)。

〈参考文献〉
尾上圭介『文法と意味Ⅰ』1章10節(2001、くろしお出版)

仁田義雄『日本語のモダリティと人称』(1991、ひつじ書房)

宮地裕『新版文論』1章 (1979、明治書院)

第 13 章　慣用句

1節　基本的性格

　いくつかの語からなる句で、語の結びつきが固定し、句全体の表す意味が特殊化したものを、「慣用句」という。慣用句においては、それを構成する語の意味が句全体の意味に直接には反映されない。例えば、慣用句としての「骨を折る」の意味は、「骨」や「折る」という語の意味とは、直接には関係がない。

2節　組み立てから見た慣用句の種類

　慣用句には、組み立てから見ると、「肩を落とす」、「音がする」のような「補足語＋述語」の形式のもの、「目の毒」のような「連体修飾語＋名詞」の形式のもの、「手もなく」のような述語を修飾する働きをするもの、等がある。

　（1）　太郎はがっくりと肩を落とした。

　（2）　近くで何か変な音がした。

　（3）　これは僕には目の毒だ。

　（4）　花子は相手に手もなくひねられた。

〈注1〉　慣用句が文法的な面で通常の句とどのくらい異なっているかは、個々の慣用句によって違う。例えば、「補足語＋述語」の形式の慣用句に受動表現が成り立つかどうかは、一概に言えない。

　　　（イ）　その問題にメスが入れられた。（「メスを入れる」）

　　　（ロ）？秘密を守るように釘が刺された。（「釘を刺す」）

3節　その他の慣用句の例

　文の組み立てにおいて重要な働きをする慣用句の、その他の例をいくつか挙げておく。

- ◆「〜によれば／よると」：伝聞の情報源を表す。

　　(5)　　ニュース速報によると、東北地方でかなり強い地震があったそうだ。

- ◆「〜必要がある／ない」：必要性の意味を表す。

　　(6)　　別に君が行く必要はない。

- ◆「〜ばかりか〜も」：累加の意味を表す。

　　(7)　　副将ばかりか大将も負けてしまい、決勝戦には出られなかった。

- ◆「〜やいなや」：ある事態が終わると同時に別の事態が始まることを表す（IV部2章3節参照）。

　　(8)　　ゴールにかけ込むやいなや、倒れ込んでしまった。

- ◆「〜ことは〜が」（同じ述語の反復）：譲歩の意味を表す（IV部2章5節5参照）。

　　(9)　　読むことは読んだがあまりよく理解できなかった。

- ◆「〜か」（疑問表現の挿入的用法）：想像できる理由等を述べるのに使う。

　　(10)　　疲れたのだろうか、動きが急に鈍くなった。

　　(11)　　緊張していたせいか、あまりうまく話せなかった。

- ◆「〜から〜にかけて」：場所、時間の範囲を表す。

　　(12)　　東京から静岡にかけて大雨が降った。

　　(13)　　昨日、3時から4時にかけて停電があった。

〈参考文献〉

国広哲弥「慣用句論」『日本語学』4巻1号（1985）

寺村秀夫・鈴木泰・野田尚史・矢澤真人編『ケーススタディ日本文法』22（1987、桜楓社）

宮地裕編『慣用句の意味と用法』（1982、明治書院）

第IV部　複文

　第IV部では、複文に関する諸問題を見ていく。

　複文は、全体の中心となる主節とそれに特定の関係で結びつく接続節とで構成される（I部4節参照）。主節の文法は、基本的には単文の文法と同じであるので、以下では、もっぱら接続節に関する文法的問題を取り扱う。

　接続節は、従属節と並列節に分かれ（I部4節参照）、従属節はさらに、述語を補足する「補足節」、述語または主節全体を修飾する「副詞節」、名詞を修飾する「連体節」に分かれる。以下、「補足節」、「副詞節」、「連体節」、「並列節」の順に取り上げ、最後に、従属節の従属度の問題を考える。

第1章　補足節

1節　基本的性格

　従属節の中で述語を補う働きをするものを「補足節」と呼ぶ。例えば、「太郎は、花子を街で見かけたことを思い出した。」という例における述語「思い出した」は、思い出したことの内容を表す「花子を街で見かけたことを」という表現を補足節として取る。補足節は、補足語と同様に、格助詞または引用の形式を伴う（Ⅲ部1章1節参照）。

2節　形式名詞「こと」、「の」、「ところ」

1　補足語が「名詞＋格助詞」で表されるように、補足節も「名詞相当表現＋格助詞」で表される。そして、名詞相当表現に名詞の性質を与えるのが、形式名詞（Ⅱ部6章4節参照）の「こと」、「の」、「ところ」である。

　　（1）　鈴木さんは車の調子が悪いことに気づいた。
　　（2）　高津さんは朝早く起きるのが苦手だ。
　　（3）　花子は太郎がその店に入るところを見かけた。

2　「こと」、「の」、「ところ」のうち、「こと」と「の」は、広範な述語に対する補足節の中で用いられ、多くの場合交替できる。

　　（4）　鈴木さんは車の調子が悪いこと／のに気づいた。
　　（5）　高津さんは朝早く起きること／のが苦手だ。
　　（6）　漢字を覚えること／のは難しい。

　注意すべきは、「こと」と「の」が交替できない場合である。すなわち、「こと」を好む主節の述語と、「の」しか取れない主節の述語が存在

するという点である。このうち、「こと」を好む述語として重要なもの
に、「命じる」、「依頼する」、「提案する」、「決意する」、「約束する」等
の、補足節の動詞に意志動詞（Ⅱ部 2 章 2 節 3 参照）を要求する動詞と、
「祈る」、「望む」等の祈願を表す動詞がある。この場合、当該の事態は未
実現の状況にある。

　　（7）　　部長は鈴木さんに報告書をすぐに提出することを命じた。

　　（8）　　病気が早くよくなることを祈っています。

　一方、「の」しか取れない述語には主として、「見る」、「見える」、「聞
く」、「聞こえる」のような感覚を表す動詞と、「手伝う」、「じゃます
る」、「待つ」のような、補足節中のガ格に対する働きかけを表す動詞が
ある。

　　（9）　　飛行機が飛んで行くのが見えた。

　　（10）　太郎は花子がバスに乗るのをじゃました。（→花子をじゃまし
　　　　　　た）

「ところ」を取る述語は、「目撃する」、「見かける」等の目撃を表す動
詞や「捕まえる」、「捉える」等の捕捉を表す動詞に限られる。

　　（11）　高津さんは花子が太郎と話しているところを見かけた。

　　（12）　警察は犯人が銀行から出て来るところを捕まえた。

　〈注1〉　　この場合、「ところ」は「現場」に近い意味を表している。このことは、
　　　　　　「ところ」がかなり実質的な意味を表現していることを示す。

3　　形式名詞「の」を伴う補足節の中には、述語の補足語の 1 つに焦点を
　　置く「〜のは〜だ」という構文（「強調の構文」と呼ぶ）を作るものがあ
　　る。

　　（13）　この事実を指摘したのは鈴木さんだ。（「鈴木さんが指摘した」
　　　　　　に対応する）

　　（14）　太郎が勉強しているのは日本史だ。（「日本史を勉強している」
　　　　　　に対応する）

　格助詞「が」と「を」（及び、「に」）は、（13）、（14）の例で示されるよ

うに、「〜だ」の位置に現れないが、それ以外の格助詞は「〜だ」の位置に現れ得る。

    (15)　高津さんが鈴木さんに会ったのは東京でだった。

    (16)　花子が結婚したいのは太郎とではなく、次郎とだ。

4　形式名詞「こと」を伴う補足節の中には、「動詞の基本形＋「ことができる」」(可能の意味を表す、Ⅲ部4章4節4参照)、「述語の基本形＋「ことがある」」(事態の反復の意味を表す)、「述語のタ形＋「ことがある」」(経験・履歴の意味を表す、Ⅲ部5章7節4参照)、「動詞の基本形＋「ことになる／する」」(決定の意味を表す)、等の慣用句を作るものがある。

    (17)　あの人は日本語を話すことができる。

    (18)　この路線のバスはよく遅れることがある。

    (19)　古代の歴史を勉強したことがありますか。

    (20)　今度、九州に転勤することになりました。

3節　疑問表現の補足節

1　疑問表現が補足節になる場合には、形式名詞等は用いられない。

    (21)　その日何をしていたかを詳しく説明しなさい。

2　補足節になるのは、疑問語疑問文と選択疑問文である(Ⅲ部7章2節、3節参照)。

    (22)　太郎がどこで被疑者に会ったかが問題だ。

    (23)　太郎が被疑者に会ったか会わなかったかが問題だ。

  選択疑問文の場合には、「〜かどうか」の形式で表されることもある。

    (24)　太郎が被疑者に会ったかどうかが問題だ。

3　疑問表現が補足節になる場合、格助詞の「が」と「を」はしばしば省略される(Ⅲ部11章1節6参照)。

    (25)　話し合いがうまくいったかどうか(が)知りたい。

    (26)　刑事は私にその日何をしていたか(を)尋ねた。

4　疑問表現の補足節を取る述語には主として、知識の所有に関わる「知

る」、「わかる」、「覚える」、「忘れる」、「明らかだ」、「不明だ」等、知識
のやりとり、入手に関わる「知らせる」、「教える」、「説明する」、「尋ね
る」、「質問する」、「調べる」等、事柄の重要性を表す「重要だ」、「問題
だ」等、がある。

(27)　この手紙を誰が書いたかは明らかだ。

(28)　パーティーに出席するかどうか知らせて下さい。

(29)　いつ本当のことを話すかが重要だ。

4節　引用節

1　補足節の中で、引用の形式を取るものを「引用節」と呼ぶ。引用を表
す形式には、「～と」と「～よう（に）」がある。

(30)　部屋には誰もいないと思っていた。

(31)　部長は鈴木さんにすぐ帰るように命じた。

2　引用には、直接引用と間接引用がある。直接引用は、誰かの発言（ま
たは、それに準じるもの）をそのまま引用する、言葉の引用である。引
用の形式としては、「～と」が用いられる。

(32)　太郎は、「すぐ行くよ。」と言った。

(33)　ここに、「本日は休みます。」と書いてあります。

　一方、間接引用には主として、発言内容（及び、それに準じるもの）の
引用と思考内容の引用がある。引用の形式としては、「～と」と「～よう
（に）」がある。

(34)　白書は、経済が回復期に入った、と指摘している。

(35)　政府首脳は、今度の改革が成功すると考えているようだ。

(36)　一行は関係者に、価格を引き上げないように要請した。

　間接引用においては、引用の表現を引用者の観点から捉え直す必要が
ある。例えば、(37)の引用部分は、間接引用の中では(38)のように表
現される。

(37)　太郎は私に「あした、あなたの家に行きますよ。」と言った。

　(38)　太郎は、次の日私の家に来ると言った。

　(38) の間接引用では、発言内容に関係しない「ますよ」が省かれ、「あした」・「あなた」・「行く」が引用者の観点から「次の日」・「私」・「来る」に置き換えられている。

〈注2〉　思考を表す表現の中でも、次のような例は直接引用と見ることができる。

　(イ)　太郎は、これは大変なことになったな、と思った。

　(ロ)　私は、もう少しここで待とう、と考えていた。

　(ハ)　花子は、この人たちは何をしているのだろう、と思った。

　(ニ)　そろそろ時間ですかねと思って立ち上がった。

3　間接引用における「～と」と「～よう（に）」の使い分けの概略は、次の通りである。

　発言内容の引用については、述語が命令・依頼・提案等を表す動詞や祈願を表す動詞の場合（本章2節2参照）には「～よう（に）」が用いられ、それ以外の場合には「～と」が用いられる。

　(39)　高津さんは鈴木さんに仕事を手伝ってくれるように頼んだ。

　(40)　病気が早くよくなるように祈っています。

　(41)　大臣は、何らかの責任を取ると述べた。

　これに対して、思考内容の引用においては、引用の形式は一般に「～と」で表される。

　(42)　専門家は、その遺物が5世紀頃のものであると推定している。

　(43)　僕は、花子が嘘をついたと誤解していた。

4　「～と」の形式の間接引用は、「ヲ格＋引用節」の構文を取ることがある（III部1章4節参照）。

　(44)　警察はAを犯人だと断定した。

　(45)　鈴木さんはAを犯人だと言った。

　(46)　日本人を勤勉だと思いますか。

　この場合、引用節は対象であるヲ格の属性を表す（II部6章4節5参照）。上記の例が次の表現と基本的に同じ意味を表すことに注意したい。

　(47)　警察はＡが犯人だと断定した。

　(48)　鈴木さんはＡが犯人だと言った。

　(49)　日本人は勤勉だと思いますか。

〈注3〉　思考内容を引用する節は通常丁寧形を取らない。

　　　　(イ)　*日本人は勤勉ですと思います。

　　　　(ロ)　*3時に出発しましょうと思います。

　　　　独り言で自分に対して丁寧形で思考し、その時のことを記述する場合は丁
　　　寧形が現れることもある（本章注2の（ニ）参照）。

〈参考文献〉

鎌田修『日本語の引用』(2000、ひつじ書房)

工藤真由美「ノ、コトの使い分けと動詞の種類」『国文学解釈と鑑賞』50巻3号 (1985)

久野暲『日本文法研究』17章 (1973、大修館書店)

砂川有里子「引用と話法」北原保雄編『講座日本語と日本語教育4巻　日本語の文法・
　　文体 (上)』(1989、明治書院)

寺村秀夫『日本語教育指導参考書5　日本語の文法 (下)』19章 (1981、国立国語研究所)

藤田保幸『国語引用構文の研究』(2000、和泉書院)

益岡隆志『複文』1部2章 (1997、くろしお出版)

第 2 章　副詞節

1節　基本的性格

　　副詞節は、述語の修飾をしたり、文全体を修飾したりする働きを持つ。

　　(1)　　父はいつも新聞を読みながら朝食を食べる。

　　(2)　　もし不満があるなら、そう言ってほしい。

　〈注1〉　副詞節と同じ意味内容を節の形式でなく、動作や事態を表す抽象的な名詞
　　　　　を使って表すことができる場合もある。

　　　　　(イ)　言語学の研究のために留学した。(→言語学を研究するために)

　　　　　(ロ)　事故のために、列車が2時間遅れた。(→事故があったために)

2節　副詞節の形式と分類

1　　副詞節を表す形式には、述語の活用形(例(3))、「述語活用形＋取り立
　て助詞」(例(4))、「形式名詞(＋格助詞)」(例(5))、「述語活用形＋従属
　接続助詞」(例(6))、接尾辞的な語(例(7))、接続語句(例(8))、等があ
　る。

　　(3)　　時間があれば、出席します。

　　(4)　　時間があっても、金がなくては、話にならない。

　　(5)　　この計画を実行するために(は)、みんなのかなりの努力が必
　　　　　要だ。

　　(6)　　ここはうるさいから、もう少し静かなところに行きましょう。

　　(7)　　考えていたほど難しくなかった。

　　(8)　　我々が何度も申し入れをしたにもかかわらず、責任者からの回

答はなかった。

2　副詞節が表す意味には、時、原因・理由、条件・譲歩、付帯状況・様態、逆接、目的、程度、等がある。3節以下では、これらの意味的分類に基づいて、副詞節の代表的な表現を概説する。

3節　時を表す副詞節

1　時を表す副詞節は、主節の表す事態が起こる時を表すものと、主節の表す事態が続いている期間を表すものとがある。このうち前者は、主節の表す事態の時そのものを表すもの、副詞節が表す事態の時が、主節が表す事態の時より相対的に前であるか後であるかを表すもの、主節が表す時が、副詞節が表す期間の中に含まれることを表すもの、がある。

2　主節の表す事態の時を表す副詞節には、「〜とき（に）、おり（に）、さい（に）、たび（に）」がある。

（9）　私が16だったとき、彼女はまだ7つでした。

（10）　私たちは、私が大学の助手になったときに結婚しました。

また、「〜とたん（に）、やいなや、なり」等のように、副詞節の表す事態が終わった時と、主節の表す事態が始まる時とが同時であることを強調するものもある。

（11）　バスを降りたとたん、土砂降りの雨が降ってきた。

副詞節が表す時が、主節の事態の表す時より後であることを表す副詞節には、「前（に）、以前（に）」がある。

（12）　試験を受ける前に、トイレに行った。

副詞節が表す時が、主節の事態の表す時より前であることを表す副詞節には、「動詞タ形＋「あと（で／に）」、「のち（に）」」、「動詞テ形＋「から」、「以後」」、等がある。

（13）　採決が終わったあとで、大勢の人が反対意見を言いはじめた。

（14）　休みになってから、生活が不規則になった。

副詞節が表す期間に、主節の事態の表す時が含まれることを表す副詞

節には、「述語基本形＋「うちに、あいだに、まに、までに」」等がある。

(15)　田中君がいるあいだに、一度、泳ぎに連れて行ってもらいなさい。

(16)　夏休みが終わるまでに、報告に来て下さい。

〈注2〉　「うちに」は、状態の表現を取って、その状態が終わる前に主節の動作が実現していなければならないという限られた期間を表す。また、動作の表現に付くときは、否定の形式を伴う。この場合、副詞節の表す事態が成立する前に主節の動作が実現していなければならないという限られた期間を示す。

（イ）　彼がいるうちに、いろいろ聞いておきなさい。

（ロ）　雨にならないうちに帰ろう。

3　一方、事態が続く期間を表す副詞節には、主節の事態の終了時点を指定する「まで」、主節の事態が継続する期間を指定する「あいだ」、等がある。

(17)　会議が始まるまで、休んでおこう。

(18)　息子が修学旅行に行っているあいだ、我が家はとても静かだった。

4　時間を表す節はその中に、事態の起こった時間、期間、などを明示することができる。

(19)　3時に会議が始まるまで、休んでおこう。

(20)　8月10日から16日まで息子が修学旅行に行っているあいだ、我が家はとても静かだった。

4節　原因・理由を表す副詞節

1　原因・理由を表す副詞節は、事態間の因果関係を表現するものと、判断・態度の理由や根拠を表すものとがある。

2　事態間の因果関係を表す副詞節には、「ので、ため（に）、結果、だけに、あまり、せいで、ばかりに、おかげで、述語テ形」等がある。

「ので」は、与えられた事態の性質から、一般的知識として導き出すこ

とのできる、別の事態を述べる場合に使う。

（21）　太郎は、風邪ぎみだったので、学校を休んだ。

（22）　きょうは水曜日なので、彼は来ていないはずだ。

「ため（に）」、「結果」は、ある個別の事態を原因として、別の事態を説明するときに使われる。

（23）　当時は、あまり女子学生がいなかったため、女子トイレが1つしかなかった。

「だけに」は、ある性質から一般的知識として導き出すことが自然である別の性質を提示するのに使う。

（24）　彼は、アメリカ育ちであるだけに、英語はお手のものだった。

「あまり」は、何かの程度が過ぎたことが原因で、結果としてある事態が生じたことを述べるときに使う。

（25）　彼は心配するあまり、寝込んでしまった。

「せいで」、「ばかりに」は、望ましくない事態の原因を、「おかげで」は望ましい事態の原因を表す。ただし、「おかげで」は、自嘲的な言い方では、望ましくない事態の原因を表す場合もある。

（26）　君があんなことを言ったせいで、とんでもないことになった。

（27）　君が口添えしてくれたおかげで、商談がとてもうまくいったよ。

（28）　あいつがやめたおかげで、こっちは、二人分働かされた。

述語のテ形は、時間的に先行する動作やその時の状態が、ある結果の原因とみなされる場合に使われる（Ⅳ部4章4節2参照）。

（29）　腹が減って、口もきけなかった。

（30）　お金がなくて困った。

3　判断・態度の理由や根拠を表す副詞節には、「から、のだから、もので、ものだから」等がある。

（31）　太郎なら、さっき駅で見かけたから、もうすぐこちらに来るだろう。

（32）　約束の時間に遅れてはいけないから、そろそろ出かけよう。

（33）　あまり体が丈夫じゃないんだから、少し自重しなさい。

（34）　少しおっちょこちょいなもので、失敗ばかりしています。

　これらは、自分の責任で下した、判断や態度の根拠を相手に示す。したがって、相手の行動を求める権利がない場合や、相手に許可を求める場合に「から」等を用いると、自分の根拠を相手に押しつける感じがして、多少、失礼な印象を与えることもある。

（35）　用事がありますから、失礼します。

〈注3〉　「のだから」は、既に聞き手も知っている事態を根拠として、判断・態度を述べる表現である。聞き手が知らない事態に付く場合は、相手も当然知っているべきであると強調する感じになる。

　　（イ）　そんな問題、簡単なものさ。ぼくは天才なんだから。

5節　条件・譲歩を表す副詞節

1　条件の表現は、ある2つの事態間の依存関係を表す。譲歩の表現は、ある2つの事態間の依存関係をいったん仮定し、それが必ずしも成り立たないことを述べる。

2　条件の表現は、ある事態と別の事態との依存関係を表す。この依存関係には、法則的なものと偶有的なものとがある。

　法則的な条件表現とは、与えられた条件下では、ある事態が起こることが、必ず別のある事態が起こることを意味するという因果関係の表現である。この表現には、述語の基本条件形（以下、条件形）が用いられる。諺や格言でよく用いられる。

（36）　ちりも積もれば山となる。

（37）　犬が西向きゃ、尾は東。

（38）　風が吹けば桶屋が儲かる。

（39）　努力すれば必ず報われるものだ。

　偶有的な依存関係を表すものには、「述語の基本形＋「と」」（以下、ト

形）と述語のタ系条件形（以下、タラ形）がある。このうち、ト形は、話し手が事実として認識している依存関係を表す。

（40）　彼は、少しでも金が入ると、いつも、それを博打に使う。

（41）　この商品は、涼しい季節になると売り上げが落ちる。

一方、タラ形は事態の実現に重きを置いた表現である。動的動詞のタラ形が用いられる場合は、事態の完了性の意味が現れる。

（42）　この仕事が終わったら、少し休みましょう。

（43）　もし誰か来たら、すぐに知らせてくれ。

〈注4〉　ト形とタラ形は、既に成立した個別的事態についての依存関係を表すこともできる。

　　　（イ）　書店から出ようとしたら、知っている人の顔が目に入った。

　　　（ロ）　花子は、家に帰ると、すぐに友人に電話をかけた。

　　　類似した表現に、「述語タ形＋「ところ」」がある。

　　　（ハ）　修士論文を書き直してその雑誌に投稿したところ、幸運にも受理された。

3　条件の表現には、「述語基本形・タ形＋接続助詞「なら」（以下、ナラ形）／「とすれば」、「としたら」、「とすると」」のように、現実から独立した、仮定的な事態の間の依存関係を問題とするものがある。この場合、仮定を強調する呼応の副詞（Ⅱ部8章6節2参照）「もし」、「かりに」等を伴うこともある。

（44）　もし住民が一人でも反対するなら、橋1つでも作りはしない。

（45）　もし彼の理論が正しいとすれば、大変なことになる。

ナラ形には相手が提供した情報を正しいと仮定して、それから出て来る帰結を述べる用法もある。

（46）　甲：太郎も出席するんだって。

　　　　　乙：太郎が出席するなら、僕は行かない。

ナラ形が表す仮定の節が相手の情報に基づく場合、聞き手の領域であることを示す「それ」等で受けることができる（Ⅲ部10章参照）。

（47）　太郎が来るのか。それなら、僕は行かない。

4　条件の表現には、事実と異なる事態を仮定して、それから出て来る帰
　　結を述べるものがある。これを「反事実的条件文」と呼ぶ。反事実的条
　　件文を表す形式は、帰結に、自分の希望する反事実的状況を表すために
　　逆接の接続助詞「のに」や、反事実的仮定から出て来る事態を概言の形
　　で表すモダリティの表現（III部6章9節参照）や「ところだ」等を付ける
　　場合が多い。また、帰結に「のに」を付けない場合、仮定を表す節の述
　　語は、状態を表す述語であるか、動詞のテイル形（III部5章7節参照）を
　　取ることが多い。反事実条件文には主として条件形、タラ形を用い、ト
　　形は使えない。呼応の副詞「もし」や「かりに」を付けることもできる。

　　（48）　もし、私が鳥であれば、あなたのところに飛んでいけるのに。
　　　　　　（事実は、鳥でないので、飛んでいけない。）

　　（49）　彼が来なくてよかった。もし、彼が来ていたら、君と喧嘩に
　　　　　　なっていたかもしれない。

　　（50）　あの薬を飲んでいたら、今頃は大変なことになっていたところ
　　　　　　だ。

5　譲歩を表す表現には、「述語テ形」＋「も」、「述語タ形」＋「って」、「と
　　ころで」、「述語基本形・タ形」＋「としても」、等がある。
　　　譲歩は、原則的には、条件の否定とみなすことができる。譲歩の表現
　　には、（51）のように、一般的依存関係の成立を否定するものと、（52）の
　　ように、事態間の個別的依存関係の成立を否定するものとがある。

　　（51）　風が吹いても、桶屋は儲からない。

　　（52）　君が説得しても、太郎は応じないだろう。

　　　また、（53）のように、既に成立した事態に関して、その帰結として成
　　り立つと予想された事態が、予想に反して成り立たなかったことを表す
　　場合もある。この場合、逆接の表現（本章7節参照）に近づくことにな
　　る。

　　（53）　上司が説得しても、鈴木さんは応じなかった。

6節　付帯状況・様態を表す副詞節

1　付帯状況を表す副詞節は、ある動作に付随する状態や、ある動作と同時並行的に行われている付随的な動作を表す。様態の副詞節は、ある動作の特定のやり方を表す。

2　付帯状況を表す表現には、「動詞タ形＋「まま（で）」、「きり」」、動詞テ形（Ⅳ部4章4節2参照）、「動詞連用形＋「ながら」、「つつ」」、等がある。「つつ」は、文章体で使われる。

（54）　時々、眼鏡をかけたまま風呂に入ることがある。

（55）　出て行ったきり、戻って来ない。

（56）　手をつないで歩く。

（57）　本を読みながらご飯を食べた。

〈注5〉　「ながら、つつ」は、状態述語に付いたときは、逆接の表現になる（本章7節参照）。

（イ）　狭いながらも楽しいわが家。

〈注6〉　付帯状況を表す他の表現として、「ヲ格＋「に」」の形式がある。

（イ）　地図を手に目的地を探した。

（ロ）　その金を元手に商売を始めた。

3　動作の特定のやり方を表す様態の副詞節には、「動詞基本形・タ形＋「ように」、「ごとく」、「とおり（に）」」等がある。

（58）　私がするようにやってみて下さい。

（59）　彼は、これまで父親に言われたとおりに行動してきた。

〈注7〉　発言・思考の動詞と共に使われた場合は、発言の副詞に準じる表現になることもある（Ⅱ部8章8節参照）。

（イ）　私が思ったとおり、彼には最後までやり抜く根気がなかった。

7節　逆接を表す副詞節

1　逆接の表現は、ある事態が成立するのに伴って別の事態も成立すると予想されるのに、実際にはその予想が成り立たないということを表す。

あるいは、ある事態から、別の事態が成立すべきだと考えられるのに、その期待が裏切られるということを示す。

　逆接を表す副詞節は、「述語基本形・タ形＋「けれど（も）」、「のに」、「にもかかわらず」」、「動詞連用形＋「つつ」、「ながら」」、等がある。

2　逆接の表現は、普通、実際に成立した個別的事態の逆接関係を表す。

　（60）　この論文は2度読んでみたけれども、理解できなかった。

　（61）　何度も説明したのに、理解してもらえなかった。

　（62）　彼はそのことを知っていながら、隠していた。

　逆接表現が、事態というより属性間の逆接関係を表すこともある。つまり、ある属性を持っているから、別のある属性を持っていることが予想されるのに、その予想が成り立たないということを示す。

　（63）　彼は、金持ちなのに、けちだ。

〈注8〉　属性間の関係が、予想される依存関係と異なることを表す副詞節には、他に「述語基本形・タ形＋「わりに」、「くせに」」がある。

　　　　「わりに」は、予想される程度が実際と異なることを表す。

　　　　（イ）　勉強しなかったわりに、試験の成績がよかった。

　　　　「くせに」は、ある属性から期待される行動をしないことに対する非難を表す。

　　　　（ロ）　あいつは、下手なくせに、人前で得意がって歌う。

〈注9〉　「けれど（も）」は、「が」と同じく、並列の接続助詞として用いることもある（Ⅳ部4章2節2参照）。

　　　　（イ）　田中ですけれども、山田君いますか。

8節　目的を表す副詞節

1　動作の目的を表す副詞節には、「動詞基本形＋「ために（は）」、「ように」、「のに（は）」、「べく」」、「動詞連用形＋「に」」、等がある。

2　「ために」は、動作を行う目的を表し、意志的な動作を表す動詞（Ⅱ部2章2節3参照）に付く。

（64）　彼は、家を買うために、酒もタバコもやめて貯金をした。

「べく」は、「ために」と同じ意味で、硬い文章体で使われる。

「ように」は、ある動作をすることによって生じさせようとする状況を表す。意志的動作を表す動詞には普通付かない。

（65）　よくわかるように、例を挙げて説明した。

（66）　運動不足にならないように、毎日ジョギングをした。

「のに（は）」（「には」）は、目標を表し、その目標を達成するために必要な事態を主節が表す。「ためには」も同様の意味を表す。

（67）　この論文を完成するのに、どれくらいの期間がかかるでしょう。

（68）　彼ぐらい外国語がうまくなるためには、大変な努力が必要だ。

「に」は、移動の目的を表し、主節には「行く」、「来る」、「帰る」、等の移動の動詞が用いられる（Ⅲ部1章2節4参照）。

（69）　こんどの日曜日、いっしょに魚をつりに行きましょう。

9節　程度を表す副詞節

1　程度を表す副詞節は、状態の程度を表す。程度を表す副詞節には、「述語基本形・タ形+「くらい」（「ぐらい」）、「ほど」、「だけ」」等がある。

2　「くらい」（「ぐらい」）は、状態の程度を、他の事態によって例示的に表す表現である。

（70）　息ができないぐらい抱きしめてほしい。

（71）　この問題は彼にも解けないぐらい難しいそうだ。

「ほど」は、状態の程度を、他の事態が持つ程度の量で示す表現である。否定の表現が主節に来ると、「ほど」の節が表す程度に、主節の表す程度が達しないことを表す（Ⅲ部2章5節2参照）。

（72）　死ぬほど疲れた。

（73）　あなたが考えているほど、難しいものではありません。

「だけ」は、特定の数量を表す。

　　(74)　持てるだけ持って行って下さい。

　　(75)　やれるだけやってみます。

10節　その他の副詞節

1　上で述べた副詞節以外にも、多くの副詞節がある。その主なものとして、「述語基本形・タ形＋「以上（は）」、「からには」、「かぎり（は）」、「上で」」、「述語基本形＋「より」、「一方」、「反面」、「につれて」、「に従って」、「どころか」」、等がある。

2　「以上（は）」、「からには」、「かぎり（は）」は、前提となる事実を表し、主節が、その事態から当然導くことのできる帰結を示す。

　　(76)　こうなった以上、もうどうしようもない。

　　(77)　私が来たからには、もう大丈夫です。

　　(78)　彼がいるかぎり、私はあの会には入らない。

3　「上で」は、結論を導くための前提となる動作を表す。

　　(79)　十分調査をした上で、このような結論を得たのです。

4　「より」は、比較を表す（III部1章2節10参照）。

　　(80)　博士課程に進むより、修士課程を出てすぐ就職する方がずっと有利だ。

5　「一方」、「反面」は、事態を対比的に述べるときに用いる。

　　(81)　大学教師は給料が安い反面、比較的自由で、自分の好きなことができるため、自己実現にとっては、よい環境にあるといえる。

6　「につれて」、「に従って」は、ある事態の持つ性質と別の事態の持つ性質が、時間的に相関していることを表す。

　　(82)　経済が発展するにつれて、社会の矛盾も拡大してきた。

7　「どころか」は、ある事態から予想される事態とは全くかけ離れた事態が生じたことを表す。

　　(83)　あいつは俺に感謝するどころか、俺の顔に泥をぬるようなこと

　　ばかりしてくれる。

〈参考文献〉

久野暲『日本文法研究』10 章〜 15 章（1973、大修館書店）

言語学研究会・構文論グループ「条件づけを表現するつきそい・あわせ文（1）〜（4）」
　　『教育国語』81 号〜 84 号（1985 〜 1986）

言語学研究会・構文論グループ「時間・状況を表すつきそい・あわせ文（1）〜（4）」『教
　　育国語』92 号〜 95 号（1987 〜 1988）

鈴木忍『教師用日本語教育ハンドブック 3　文法 I』（1978、国際交流基金）

田窪行則「統語構造と文脈情報」『日本語学』6 巻 5 号（1987）

寺村秀夫『日本語教育指導参考書 5　日本語の文法（下）』12 章〜 14 章・18 章（1981、
　　国立国語研究所）

仁田義雄「条件づけとその周辺」『日本語学』6 巻 9 号（1987）

蓮沼昭子・有田節子・前田直子『日本語文法セルフマスターシリーズ 7　条件表現』
　　（2001、くろしお出版）

北條淳子「複文文型」北條淳子・森田良行編『日本語教育指導参考書 15　談話の研究
　　と教育 II』（1989、国立国語研究所）

前田直子『日本語の複文：条件文と原因・理由文の記述的研究』（2009、くろしお出版）

南不二男『現代日本語の構造』4 章（1974、大修館書店）

第 3 章　連体節

1 節　基本的性格

　「太郎が撮った写真」という表現においては、「太郎が撮った」という節が名詞「写真」を修飾している。このような場合、名詞を修飾する節を「連体節」、連体節により修飾される名詞を「被修飾名詞」と呼ぶ。

　連体節は、被修飾名詞に対する修飾の仕方の違いにより 3 つの種類が区別される。これらを、「補足語修飾節」、「相対名詞修飾節」、「内容節」と呼ぶ。

　〈注1〉　本書のいう「連体節」は、名詞に前接する部分（修飾部分）を表す場合と、修飾部分と被修飾名詞を合わせた全体を表す場合がある。「補足語修飾節」、「相対名詞修飾節」、「内容節」についても同様である。

2 節　補足語修飾節

1　補足語修飾節とは、被修飾名詞が連体節中の述語に対する補足語の関係にあるものをいう。「太郎が撮った写真」は補足語修飾節の例である。すなわち、この例では、被修飾名詞「写真」は述語「撮った」に対して補足語の関係（「写真を撮った」という関係）にある。次に挙げる例も、補足語修飾節である。

　　(1)　この小説を書いた作家（「作家が書いた」という関係）

　　(2)　鈴木さんがお金を貸した人（「(その) 人に貸した」という関係）

　　(3)　太郎たちが戦ったチーム（「(その) チームと戦った」という関係）

(4)　花子が旅行に出かけた日（「（その）日に出かけた」という関係）

(5)　高津さんが講演をした会場（「（その）会場で講演をした」という関係）

(6)　多くの人が驚いたニュース（「（その）ニュースに驚いた」という関係）

(7)　太郎が好きな人（「（その）人が好きだ」という関係（「（その）人」が、「好きだ」という感情の対象である場合と、「好きだ」という感情を持つ主体である場合の、2通りの解釈が可能である（Ⅲ部1章2節2、3節2参照）））。

自立性が低く修飾節なしでは使えない「形式名詞」が、被修飾名詞になる場合もある。この場合、形式名詞が接続表現の働きをすることもある（Ⅱ部6章4節参照）。

(8)　ここが高津さんが講演をしたところだ。

(9)　あなたが買ったのはどれですか。

(10)　太郎が駅に着いたときには、既に電車は出ていた。

〈注2〉　被修飾名詞と連体節中の述語との関係が読み取りにくい補足語修飾節は、不自然な表現になる。

　　　（イ）?太郎が荷物を運んだ人（「（その）人と運んだ」という関係）

　　　（ロ）　太郎がいっしょに荷物を運んだ人

　　　逆に、被修飾名詞が連体節中でどの位置を占めるかが読み取りやすい場合は、従属節中の補足語であっても被修飾名詞になることができる。

　　　（ハ）　出版したエッセーがベストセラーになった人（「（その）人が出版したエッセーがベストセラーになった」という関係）

2　補足語修飾節は、限定的な修飾の表現になる場合と、非限定的な修飾の表現になる場合がある。

限定的修飾とは、その修飾表現が付加されることで被修飾名詞の指し示す対象が限定される場合をいう。

(11)　昨日図書館で読んだ本

(12)　子供が嫌いな食べ物

(11)、(12) の「本」、「食べ物」は、「昨日図書館で読んだ」、「子供が嫌いな」という修飾表現によって、その指し示す対象が限定を受ける。

一方、非限定的修飾とは、修飾表現が被修飾名詞を限定しないで、何らかの情報を付加する場合をいう。

(13)　この作品で新人賞を取った鈴木さんは、現在は海外を旅行中だ。

(14)　教室に入った中村先生は、すぐに資料を配りはじめた。

(15)　不審に思った私は、責任者に問いただしてみた。

これらの例では、「この作品で新人賞を取った」、「教室に入った」、「不審に思った」という修飾表現の有無にかかわらず、被修飾名詞「鈴木さん」、「中村先生」、「私」が指し示す対象は一定している。非限定的修飾節は主節に対する継起関係や因果関係を表す。

3　補足語修飾節中のガ格は、「～の」と交替することがある。

(16)　雨が／の降る日に外出するのは大変だ。

(17)　花子が／の読んだ本

(18)　太郎が／の好きな人

〈注3〉　ガ格と述語の間に他の要素がある場合は、「～の」による交替は起こりにくい。

(イ)?花子の一生懸命／図書館で読んだ本

3節　相対名詞修飾節

1　相対名詞修飾節とは、被修飾名詞が、連体節中の述語に対する特定の補足語と相対的な関係にある場合をいう。例えば、「花子が旅行に出かける前日」における被修飾名詞「前日」は、「花子が旅行に出かける日」（「(その) 日に出かける」という関係）の「前日」であるという意味で、連体節の補足語として機能する「(その) 日」と相対的な関係にある。このような性格を持つ名詞を「相対名詞」と呼ぶ。

2　相対名詞には、「前」、「後」のような時を表すもの、「前」、「うしろ」、「そば」のような場所を表すもの、等がある。

(19)　鈴木さんに会う前に高津さんと相談しておいたほうがよい。

(20)　小さな商店が並んでいるすぐそばに大きなスーパーができるそうだ。

相対名詞には形式名詞（II部6章4節参照）が多数含まれる。

4節　内容節

1　内容節とは、被修飾名詞が指し示す対象の内容を表すものをいう。例えば、「政治家が賄賂をもらった事実」という内容節においては、「政治家が賄賂をもらった」という修飾部分が被修飾名詞「事実」の内容を表している。修飾部分と被修飾名詞は多くの場合、「政治家が賄賂をもらったという事実」のように、「という」等の形式で接続することができる（III部9章1節参照）。

〈注4〉　補足節に現れる「こと」と「の」（IV部1章2節参照）も「という」を伴うことがある。

(イ)　鈴木さんは、計画が中止になったということを後で知った。

(ロ)　高津さんがこの案に反対していたというのは間違いなさそうだ。

内容節を取ることができる名詞は、当然のことながら、「事実」のように、内容の説明を要するものに限られる。補足語修飾節の被修飾名詞には、こうした制限はない。したがって、内容節を伴うことができる名詞も、(21)のように、補足語修飾節の被修飾名詞になることができるわけである。

(21)　鈴木さんが公表した事実（「（その）事実を公表した」という関係）

この場合、「という」等を用いることはできない。

2　内容節を取ることができる名詞には、大別すると次の3種類がある。第1に、引用が関係する名詞、すなわち、発言・思考に関わる名詞があ

る。例えば、「経済が回復期に入ったという指摘」という例では、指摘
されたことの内容が引用されている（IV部1章4節参照）。この種の名詞
には、「発言」、「指摘」、「報告」、「噂」、「不平」、「電話」、「質問」、「指
示」、「依頼」、「提案」、「約束」、「意見」、「考え」、「想像」、「結論」、「疑
問」、「希望」、「祈り」、「決定」、「決意」、等がある。

　引用の内容は、(22)や(23)のように平叙文に対応する場合、(24)や
(25)のように疑問文に対応する場合、(26)や(27)のように命令文に対
応する場合がある（III部12章2節、IV部1章4節参照）。引用が関係する
名詞は、内容節を取る場合「という」、「との」を伴う。

(22)　全員救助されたという／との報告があった。

(23)　すぐにその問題に取り組むべきだという／との考えの人もい
　　　る。

(24)　この計画の狙いは何かという／との質問があった。

(25)　こんなことを続けていてもいいのかという／との疑問が絶えず
　　　私を苦しめた。

(26)　3日以内に結論を出せという／との指示を受けた。

(27)　解説書を作成するようにという／との依頼があった。

〈注5〉　疑問文に対応する内容節は、「の」で接続されることもある。この場合、
　　　　関係する疑問文は疑問語疑問文か選択疑問文である。

　　　（イ）　どれを優先するかの決定は、今後の課題だ。

　　　（ロ）　この企画に参加するかどうかの結論はまだ出ていない。

　第2に、「におい」、「味」、「音」、「気配」、「写真」、「絵」、等の、感
覚に関わる名詞がある。これらの名詞と内容節が接続する場合、「とい
う」、「との」は使えない。

(28)　魚が焼けるにおいがする。

(29)　誰かが近づいて来る気配がした。

(30)　子供が笑っている写真が置いてあった。

　第3に、「事実」、「話」、「例」、「状況」、「可能性」、「経験」、「仕事」、

「性格」、「癖」、等の一群の名詞がある。これらは内容節との接続におい
て「という」を用いることができる。

(31)　与党が単独で採決した（という）例は少なくない。

(32)　今すぐ代替エネルギーが見つかる（という）可能性は低い。

(33)　外国人に日本語を教える（という）仕事は容易な仕事ではない。

(34)　太郎には、ものを考えるときに爪をかむ（という）癖がある。

〈参考文献〉

井上和子『変形文法と日本語（上）』3 章（1976、大修館書店）

大島資生『日本語連体修飾節構造の研究』(2010、ひつじ書房)

高橋太郎『動詞の研究』2 部（1994、むぎ書房）

寺村秀夫『日本語教育指導参考書 5　日本語の文法（下）』15 章〜17 章（1981、国立国
　　語研究所）

寺村秀夫『寺村秀夫論文集 I』複文編（1992、くろしお出版）

益岡隆志「複文各論」仁田義雄・益岡隆志編『日本語の文法4』(2002、岩波書店)

第4章　並列節

1節　基本的性格

　　主節に対して対等に並ぶ関係で結びつく節を「並列節」と呼ぶ。「両親は近所の家にでかけ、子供たちは遊びに行った。」という文は、「両親は近所の家にでかけ」が、主節の「子供たちは遊びに行った」に並列的に結びつく表現、すなわち、並列表現である。並列表現には、複数の節からなるものの他に、複数の名詞からなるものがある（Ⅲ部9章3節参照）。

2節　順接的並列と逆接的並列

1　　並列には、順接的並列と逆接的並列がある。順接的並列とは、並列節が主節と対立することなく、単純に並ぶ関係にあるものをいう。

　　　（1）　　鈴木さんは、京都で生まれ、神戸で育った。

　　　（2）　　太郎は音楽が好きで、花子は映画が好きだ。

2　　逆接的並列とは、並列節と主節が互いに対立する関係にあるものをいう。逆接的並列を表す代表的形式は、接続助詞の「が」である（Ⅱ部9章5節2参照）。

　　　（3）　　太郎は休んだが、花子は休まなかった。

　　〈注1〉　接続助詞「が」は、順接的並列にも使われる。

　　　　（イ）　先日お電話した高津ですが、花子さんはいらっしゃいますか。

　　　「が」には、さらに、主節を明示しないことにより表現を和らげる用法がある。

　　　　（ロ）　先日お電話した高津ですが。

3節　順接的並列の種類

1　順接的並列には、総記の並列、例示の並列、累加の並列がある。これらは、いずれも名詞の並列にも見られるものである（Ⅲ部9章3節参照）。

　このうち、総記の並列とは、該当するもののすべてを並べる表現であり、接続の形式には主として、述語の連用形とテ形がある。

　　(4)　800字程度の要旨にまとめ、住所・氏名を明記し、事務局に申し込んで下さい。

　　(5)　太郎が文面を考えて、花子が清書して、次郎がそれを先方に渡した。

　〈注2〉　総記の並列の表現では、並列節において述語が省略される場合がある。

　　　(イ)　太郎は小説が、花子は詩が、好きだ。

2　例示の並列とは、該当するものの一部を列挙する表現であり、接続形式の代表は述語のタリ形（Ⅱ部2章3節、3章4節、4章2節参照）である。

　　(6)　ひまな時は、音楽を聴いたり、映画を見たりします。

　原則として主節の述語もタリ形で表現されることに注意したい。

　〈注3〉　タリ形には、複数の事態が交互に繰り返し起こることを表す用法もあるが、これも全体の一部を列挙したものである。

　　　(イ)　終日雨が降ったりやんだりした。

3　累加の並列とは、「Xだけでなく、さらにYも該当する」というように数え上げていく並列表現である。接続形式の代表は、接続助詞「し」（Ⅱ部9章5節2参照）である。

　　(7)　太郎は、芸術の才能もあるし、スポーツも得意だ。

　〈注4〉　接続助詞「し」には、並列表現全体を主節に対して従属的に結びつける用法もある。

　　　(イ)　締切は迫っているし、体調は悪いし、一体どうしたらいいのだろう。

　〈注5〉　述語の基本条件形（Ⅱ部2章3節、3章4節、4章2節参照）も、累加の並列を表現することがある。

　　　　　（イ）　晴れの日もあれば、雨の日もある。

　〈注6〉　疑問表現を並列したものが、選択疑問文である（Ⅲ部7章2節、9章3節5

　　　　参照）。

　　　　　（イ）　朝食は、洋風にしましょうか、和風にしましょうか。

4節　連用形並列とテ形並列

1　　総記の並列は、述語の連用形とテ形で表現される（ナ形容詞と判定詞
　はテ形のみである）。連用形による並列（「連用形並列」と呼ぶ）とテ形に
　よる並列（「テ形並列」と呼ぶ）には、次のような違いがある。

　　連用形並列とテ形並列を文体の面で比較すると、前者の方がより文語
　的で、後者の方がより口語的である。

　　また、並列の文法的性格について比較すると、連用形並列の方がより
　典型的な並列表現であると考えられる。例えば、動的事態の並列表現に
　おいては、テ形並列の方が時間的の前後関係（継起関係）の意味が出やす
　い。次の例では、（10）と（11）の場合の方が（8）と（9）の場合より差が
　出やすい。

　　（8）　花子が詩を作り、太郎が作曲した。

　　（9）　太郎が作曲し、花子が詩を作った。

　　（10）　花子が詩を作って、太郎が作曲した。

　　（11）　太郎が作曲して、花子が詩を作った。

2　　さらに、テ形は、並列の関係を表現する用法に加えて、述語を修飾す
　る用法、すなわち、副詞節（Ⅳ部2章参照）を作る用法を持つ。副詞節と
　して働く場合、具体的には、原因（Ⅳ部2章4節参照）、条件（Ⅳ部2章5
　節参照）、手段、付帯状況（Ⅳ部2章6節参照）、等を表す。

　　（12）　太郎は、風邪をひいて学校を休んだ。（原因を表す）

　　（13）　委員数は委員長を入れて、10人になる。（条件を表す）

　　（14）　鈴木さんは棒切れを使って戸をこじ開けた。（手段を表す）

　　（15）　花子は手をたたいて喜んだ。（付帯状況を表す）

5節　否定のテ形による並列の表現

1　　否定のテ形には、「～なくて」（以下、「ナクテ」）と「～ないで」（以下、「ナイデ」）がある。ナクテは、述語のすべての種類（動詞、形容詞、判定詞）について用いられ、ナイデは、動詞にのみ用いられる。ナイデは、動詞の性格が強いと言える（II部13章6節1参照）。

 （16）　太郎は来なくて、次郎は来た。

 （17）　普通の人がほしがるものはほしくなくて、ほしがらないものがほしい。

 （18）　来たのは太郎ではなくて、次郎だった。

 （19）　太郎が来ないで、次郎が来た。

〈注7〉　　動詞のテ形を内部に含む複合動詞、複合形容詞は、「寝ないでいる」、「はずさないでおく」、「泣かないでくれる（泣かないで下さい）」、「来ないでほしい」のように、否定のテ形には動詞の性格が強いナイデを用いる。

〈注8〉　　動詞の否定のテ形には、他に「～ずに」の形式がある（II部13章6節1参照）。

  （イ）　太郎が来ずに、次郎が来た。

2　　動詞については、否定のテ形としてナクテとナイデの両方が用いられるので、その使い分けが問題となる。ナクテは、（16）の例のように並列表現として用いられる場合や、次の例のように主節の事態に対する原因を表す場合がある。

 （20）　思い通りにいかなくて、関係者はハラハラした。

 （21）　お金が払えなくて困った。

 （22）　あいつがいなくて、よかった。

3　　一方、ナイデには主として2つの用法がある。1つは、「予想・期待される事態が起こらないで、代わりに別の事態が起こる」という意味を表す用法である。

 （23）　太郎は、学校に行かないで、家で遊んでいる。

 （24）　雪が降らないで、雨が降った。

　もう 1 つは、動作の付帯状況を表す用法（IV部 2 章 6 節参照）である。
この場合も、予想・期待に反してという意味を伴う。

　（25）　太郎は、予習をしないで授業に出た。

　（26）　高津さんは、泣かないでお化け屋敷から出ることができた。

〈参考文献〉

久野暲『日本文法研究』15 章（1973、大修館書店）

久野暲『新日本文法研究』6 章（1983、大修館書店）

高橋太郎「構造と機能と意味」『日本語学』2 巻 12 号（1983）

寺村秀夫『日本語教育指導参考書 5　日本語の文法（下）』11 章（1981、国立国語研究所）

寺村秀夫『日本語のシンタクスと意味 III』8 章（1991、くろしお出版）

中俣尚己『日本語並列表現の体系』（2015、ひつじ書房）

益岡隆志『複文』1 部 5 章（1997、くろしお出版）

益岡隆志「日本語の中立形接続とテ形接続の競合と共存」益岡隆志・大島資生・橋本
　　修・堀江薫・前田直子・丸山岳彦編『日本語複文構文の研究』（2014、ひつじ書房）

第5章　従属節の従属度

1節　従属節に現れ得る表現

　従属節が主節と異なる重要な点の1つは、主節に現れる表現のすべてが従属節に現れ得るわけではない、という点である。例えば、終助詞の「よ」や「ね」は、直接引用の補足節（Ⅳ部1章4節2参照）を除いて、従属節には現れない。

　従属節の中には、主節に対する従属の度合の高いものもあれば、低いものもある。従属の度合の低い従属節は、主節に近い性格のものであり、現れ得ない表現の範囲は相対的に狭い。一方、従属の度合の高い従属節は、現れ得ない表現の範囲が広くなる。

　例えば、理由を表す「～から」の節（Ⅳ部2章4節参照）は、付帯状況を表す「～ながら」の節（Ⅳ部2章6節参照）より従属の度合が低く、後者には現れないテンスの表現（Ⅲ部5章参照）、モダリティの表現（Ⅲ部6章、7章参照）、丁寧表現（Ⅴ部1章2節参照）、等が現れ得る。

(1)　　花子は音楽を聴きながら勉強しました。

(2)　　太郎は昨日こちらに着いたそうですから、明日には会えるだろうと思います。（「着いたそうですから」という従属節の部分に、テンスの表現「た」、モダリティの表現「そう（だ）」、丁寧表現「です」が含まれている。）

　以下、従属節の従属度と、提題の表現（Ⅲ部8章参照）、丁寧表現、及び、テンスの表現との関わりについて概観する。

〈注1〉　並列節についても、従属節の従属度と同じ問題が関係する。例えば、「～

が」の並列節は、テ形並列の節より主節に対する従属の度合が低く、現れ得る表現の範囲が広い（IV部4章参照）。

　　（イ）　太郎は休みましたが、花子は休みませんでした。

　　（ロ）　花子が詩を作って、太郎が作曲しました。

2節　従属節における提題表現と丁寧表現

1　種々の従属節の中で、主題が現れ得るのは主として、引用が関係するもの（引用表現はその性格から、独立性の高いものになる）と従属度の低い副詞節である。引用が関係するものには、補足節の中の引用節（IV部1章4節参照）と、連体節の中の引用が関係する型の内容節（IV部3章4節2参照）がある。

　　（3）　鈴木さんはまだ学校にいると思う。（「鈴木さんはまだ学校にいる（と）」が引用節）

　　（4）　計画は中止すべきだという意見が多かった。（「計画は中止すべきだ（という意見）」が内容節）

　また、従属度の低い副詞節の例は、次の通りである。

　　（5）　その本は少し難しいから、この本を先に読んでみなさい。

　　（6）　太郎は長い間待ったけれども、誰も姿を現さなかった。

2　丁寧表現が現れ得る従属節も、同様の従属節である。すなわち、1つは引用が関係する従属節である。ただし、この場合、提題表現の場合と違って、直接的な引用の表現（IV部1章4節2参照）に限られる。

　　（7）　そこには、本日は休みます、と書いてあった。

　　（8）　*鈴木さんは学校にいますと思います。

　　（9）　?計画は中止すべきですという意見が多かったです。

　もう1つは、従属度の低い副詞節である。

　　（10）　その本は少し難しいですから、この本を先に読んだほうがいいと思います。

　　（11）　私は長い間待ちましたけれども、誰も姿を現しませんでした。

3節　従属節のテンス

1　文末では、述語の基本形とタ形は事態の時を、発話時を基準として表現する。すなわち、単文と主節では、タ形は「過去」を、基本形は「現在」または「未来」を、それぞれ表す（Ⅲ部5章1節、2節、3節参照）。

〈注2〉　小説等の文章では一連の文を、テンスを統一しないで述語の基本形とタ形を混合して表現することがよくある。

（イ）　太郎は花子の方を見た。花子は懸命にノートを取っている。さっきのいさかいのことを気にしている様子はない。太郎はほっと胸をなでおろした。

2　これに対して従属節では、述語の基本形とタ形は事態の時を、主節が表す事態の時を基準として位置づけることが多い。すなわち、この場合、述語のタ形は主節の時より以前であることを表し、基本形は主節の時と同時かそれより以後であることを表す。

（12）　鈴木さんは次の日曜日に運動会が行われることを思い出した。（「行われる」時は「思い出す」時より後）

（13）　太郎は図書館で借りた本を紛失した。（「借りた」時は「紛失した」時より前）

（14）　今度彼に会ったときにこれを渡して下さい。（「会う」時は「渡す」時より前）

　特に、従属節の事態と主節の事態との時間的前後関係を問題にする場合は、従属節の時は、主節の時を基準として表現される。

（15）　高津さんは手紙を投函する前に、もう一度宛名を確認した。

（16）　花子が帰った後、電話がかかってきた。

〈注3〉　例外的に、従属節の時を基準として主節の時が位置づけられると見られる場合もある。

（イ）　会場に着いたときには、既に宴会は始まっていた。

3　従属節でも、事態の時が発話時を基準として位置づけられることがある。

　（17）　先日受け取った手紙の返事をこれから書かなければならない。

　（18）　明日の朝こちらを出発するから、あさっての午後にはそちらに
　　　　到着するだろう。

　主節の述語が過去を表し、かつ、従属節の述語が、主節の時と同時で
あることを表す状態述語（I 部 2 節 2、III 部 5 章 2 節、7 節参照）である場
合、従属節の述語に基本形とタ形の両方が使えることがある。

　（19）　鈴木さんはテレビを見ている／見ていた子供に早く食事をする
　　　　ように言った。

　（20）　徹夜で作業をしている／していたときに停電になった。

この場合、従属節の時は、主節の事態の時を基準として位置づけること
も、発話時を基準として位置づけることもできるものと思われる。

〈参考文献〉

久野暲『日本文法研究』16 章（1973、大修館書店）

田窪行則「統語構造と文脈情報」『日本語学』6 巻 5 号（1987）

寺村秀夫『日本語教育指導参考書 5　日本語の文法（下）』10 章（1981、国立国語研究所）

野田尚史「複文における「は」と「が」の係り方」『日本語学』5 巻 2 号（1986）

野田尚史「単文・複文とテキスト」仁田義雄・益岡隆志編『日本語の文法 4』（2002、岩
　　波書店）

益岡隆志『複文』3 部（1997、くろしお出版）

南不二男『現代日本語の構造』4 章（1974、大修館書店）

南不二男『現代日本語文法の輪郭』（1993、大修館書店）

第Ⅴ部　敬語とスタイル

第 1 章　敬語表現の文法

1節　敬語表現の種類

1　敬語表現には、表現の相手に対する敬意を表す「対者敬語」と、表現される事態の中に登場する人物に対する敬意を表す「素材敬語」がある。

　このうち、「対者敬語」はさらに、表現の相手に敬意を表すために丁寧な表現を用いる「丁寧表現」（例 (1)）と、表現者自身が主体となる事態をへりくだって表現することによって相手に敬意を表す「謙遜表現」（例 (2)）に分かれる。

　(1)　こちらが入口です。

　(2)　来週、九州に出張いたします。

2　一方、「素材敬語」には、事態の主体に対する敬意を表すもの（例 (3)）と、動作の受け手に対する敬意を表すもの（例 (4)）がある。これらを、それぞれ「主体尊敬表現」、「受け手尊敬表現」と呼ぶ。

　(3)　鈴木先生は、いつもお忙しい。

　　　（主体である「鈴木先生」に対する敬意）

　(4)　高津さんは鈴木先生をお宅までお送りした。

　　　（受け手である「鈴木先生」に対する敬意）

2節　丁寧表現

1　丁寧さの有無により、丁寧さを有する「丁寧体」の文と、そうでない「普通体」の文が区別される。丁寧さの有無は、特に述語の位置に現れる。述語は、普通体では基本的な形式が用いられ（例 (5)）、丁寧体では

丁寧さを表すための特別な形式が用いられる（例 (6)）。

(5)　　天候が回復した。

(6)　　天候が回復しました。

2　丁寧体の述語の形式は、次の通りである。

動詞については、「連用形＋接尾辞「ます」」の形式を用いる。「ます」の付いた形の活用は、基本形が「〜ます」、意志形が「〜ましょう」、夕形が「〜ました」、夕系条件形が「〜ましたら」、テ形が「〜まして」、タリ形が「〜ましたり」となる。また、否定の形式は「連用形＋「ません」」で、否定の夕形は「連用形＋「ません」＋助動詞「でした」」で、それぞれ表される（Ⅱ部13章5節1、5章2節参照）。

イ形容詞については、「基本形＋助動詞「です」」（例えば、「寒いです」）、「夕形＋助動詞「です」」（例えば、「寒かったです」）の形式を用いる（Ⅱ部5章2節参照）。また、否定の形式は、「語幹＋「くない＋です」」（例えば、「寒くないです」）または「語幹＋「くありません」」（例えば、「寒くありません」）で、否定の夕形は、「語幹＋「くなかった＋です」」（例えば、「寒くなかったです」）または「語幹＋「くありません＋でした」」（例えば、「寒くありませんでした」）で、それぞれ表される。

ナ形容詞と判定詞については、基本形が「(語幹＋)「です」」、夕形が「(語幹＋)「でした」」、夕系条件形が「(語幹＋)「でしたら」」、テ形が「(語幹＋)「でして」」、タリ形が「(語幹＋)「でしたり」」となる（Ⅱ部3章4節、4章2節参照）。また、否定の形式は、「(語幹＋)「ではありません」」（例えば、「勤勉ではありません」）で、否定の夕形は、「(語幹＋)「ではありません＋でした」」（例えば、「勤勉ではありませんでした」）で、それぞれ表される。さらに、判定詞には、「です」よりも一層丁寧な表現である「でございます」という形式（例えば、「鈴木でございます」）がある。「でございます」の夕形、夕系条件形、テ形、タリ形、否定、否定の夕形の形式は、それぞれ「でございました」、「でございましたら」、「でございまして」、「でございましたり」、「ではございません」、「では

ございませんでした」となる。

〈注1〉　述語の特殊な丁寧表現として、「～おります」（例えば、「こちらは、雨が降っております。」）、「～まいります」（例えば、「雨が降ってまいりました。」）、「申します」（例えば、「このあたりを六甲と申します。」）、等がある。

3節　謙遜表現

1　表現者自身が主体となる事態を表現する場合、へりくだった言い方である「謙遜表現」を用いることがある。ただし、謙遜表現が可能な述語は、一部の動詞に限られ、しかも、特殊な形式で表される。その主なものには、「する」に対する「いたす」、「いる」に対する「おる」、「行く、来る」に対する「まいる」、「言う」に対する「申す」、「思う、知る」に対する「存じる」、等がある。

　　(7)　昨日、神戸に到着いたしました。

　　(8)　先月から神戸におります。

　　(9)　先週、東京から帰ってまいりました。

　　(10)　鈴木と申します。

　　(11)　わたくしは、存じません。

〈注2〉　「使役のテ形＋「いただく」」が謙遜表現に用いられることがある（Ⅲ部4章3節参照）。

　　　(イ)　わたくしの考えを述べさせていただきます。

2　謙遜表現は、表現者の身内に対しても用いられる場合がある。

　　(12)　母は先月から神戸におります。

　　(13)　社長はただいま出かけております。（社外の人を相手にした発話）

4節　主体尊敬表現

1　事態の主体に対する敬意は、述語の部分で表すことができる。主体尊敬表現は主として、動詞と形容詞について用いられる。

　　（14）　鈴木先生は本をお書きになった。

　　（15）　高津さんは考古学にお詳しい。

　（14）では「お書きになった」という述語の形式が、（15）では「お詳し
い」という述語の形式がそれぞれ、主体である鈴木先生と高津さんに対
する敬意を表している。

2　主体尊敬表現で用いられる述語の形式は、次の通りである。

　動詞については、2つの形式がある。1つは、「「お」＋連用形＋「にな
る」」という形式である。

　　（16）　鈴木先生はその問題を詳しくお調べになった。

〈注3〉　漢語動詞（Ⅱ部2章5節参照）の場合は一般に、「ご〜になる」の形式を用
　　　　いる。

　　　　（イ）　鈴木先生はその問題を詳しくご研究になった。

〈注4〉　主体尊敬表現として「「お」＋連用形＋「だ」」の形式を用いることができ
　　　　る。この形式は動作、状態のいずれをも表せる。

　　　　（イ）　もうお帰りですか。（動作）

　　　　（ロ）　鈴木先生は中でお待ちです。（状態）

　　　　漢語動詞については、「ご〜だ」の形式が使われる。

　　　　（ハ）　高津さんは何をご研究ですか。

　もう1つは、「語幹＋‘(r)areru’」という形式である。この場合、子音動
詞は接尾辞‘areru’を、母音動詞は接尾辞‘rareru’を付加する（Ⅱ部13章
5節1参照）。

　　（17）　鈴木先生はその問題を詳しく調べられた。

〈注5〉　「する」、「来る」は、「される」、「来られる」という不規則な形式で表され
　　　　る（Ⅱ部13章5節1参照）。

　形容詞についても2つの形式がある。1つは、「テ形＋「いらっしゃ
る」」という形式である。

　　（18）　鈴木先生は優しくていらっしゃる。

　　（19）　高津さんは勤勉でいらっしゃる。

〈注6〉　「名詞＋「でいらっしゃる」」という形式も用いられる。

　　　（イ）　鈴木先生は優しい方でいらっしゃる。

　もう1つは、接頭辞「お」を用いる形式である。

（20）　鈴木先生はお忙しいですか。

（21）　高津さんは大変お元気だ。

3　一部の動詞については、2で述べたものとは異なる不規則な形式を用
　いる。このような動詞の例として、「する」（主体尊敬表現の形式は「なさ
　る」）、「行く、来る、いる」（「いらっしゃる」または「おいでになる」）、「言
　う」（「おっしゃる」）、「食べる、飲む」（「召し上がる」）、「見る」（「ご覧に
　なる」）、「くれる」（「下さる」）、「知っている」（「ご存じだ」）、等がある。

5節　受け手尊敬表現

1　動作の受け手や相手に対する敬意も、述語（具体的には、動詞）の部分
　で表すことができる。受け手尊敬表現における述語の形式は、「「お」＋
　連用形＋「する」」である。ただし、漢語動詞は（25）の例のように、接
　頭辞「ご」を付けるだけでよい。

（22）　鈴木さんは高津先生をお訪ねした。

（23）　太郎は鈴木さんに本をお貸しした。

（24）　お荷物をお持ちしましょう。

（25）　花子は鈴木先生に結果をご報告した。

　受け手尊敬表現は、動作の主体よりも受け手の方に敬意を要する場合
　に用いられる。したがって、「高津先生は鈴木さんをお訪ねした。」のよ
　うな表現は不適切である。

〈注7〉　受け手尊敬表現においては、受け手は、動作の主体から見ても敬意を表す
　　　べき人物でなければならない。

2　一部の動詞については、1で述べたものとは異なる不規則形式が用
　いられる。このような動詞の例に、「行く、来る」（受け手尊敬表現は
　「伺う」）、「言う」（「申し上げる」）、「あげる」（「さしあげる」、例えば、

「鈴木さんは高津先生に本をさしあげた。」)、「もらう」(「いただく」または「ちょうだいする」、例えば、「鈴木さんは高津先生に本をいただいた。」)、「借りる」(「拝借する」)、「見る」(「拝見する」)、「見せる」(「お目にかける」)、「聞く」(「伺う」または「拝聴する」)、「聞かせる」(「お耳に入れる」)、「会う」(「お目にかかる」)、「知っている」(「存じあげている」)、等がある。

6節　名詞の敬語表現

1　名詞の丁寧表現として、「お湯」、「お昼」、「お天気」のように、接頭辞「お」を用いるものがある。

　さらに、「誰」に対する「どなた」、「どこ」に対する「どちら」、「人」に対する「方」(例えば、「この方」)のような特殊な形式も用いられる。

2　名詞の謙遜表現として、「小生」、「拙著」、「卑見」、「弊店」、「粗品」のような特殊な形式がある。

3　名詞の尊敬表現には、「お名前」、「おところ」、「お仕事」、「ご氏名」、「ご住所」、「ご職業」のように、接頭辞「お」、「ご」を用いるものと、「令妹」、「芳名」、「貴社」、「玉稿」のような特殊な形式のものがある。なお、尊敬表現で用いられる接頭辞「お」と「ご」については、「お」は和語(大和言葉)に付き、「ご」は漢語に付くのが原則である。ただし、漢語の中にも、「お時間」、「お電話」、「お返事」のように、「お」が付くものもある。

〈**参考文献**〉

菊地康人『敬語』(1994、角川書店)

菊地康人編『朝倉日本語講座8巻　敬語』(2003、朝倉書店)

久野暲『新日本文法研究』1章〜5章 (1983、大修館書店)

辻村敏樹「日本語の敬語の構造と特色」大野晋・柴田武編『岩波講座日本語4巻　敬語』
　　(1977、岩波書店)

三上章『文法小論集』6 (1970、くろしお出版)

渡辺実『国語構文論』(1971、塙書房)

第2章　言葉のスタイルとステレオタイプ
一男女差、役割語、キャラ語

1節　言葉の男女差の基本的性格

　　話し言葉では、男性が主に使う表現と女性が主に使う表現があり、か
なり体系的な区別がなされる。ただし、この区別は、言語表現上のもの
であって、男性的表現を男性が、女性的表現を女性が使うという絶対的
なものではない。男性が女性や子供に話す場合は多少女性的な表現を使
うこともあるし、女性同士が話したり、女性が目下のものに動作を要求
するような場合、男性的な言葉づかいをすることもある。また、個人差
も大きい。

　　一般に、女性的な表現は、断定を避け、命令的でなく、自分の考えを相
手に押しつけない言い方をする、といった特徴を持つ。これに対して、
男性的な表現は、断定や命令を含み、主張・説得をするための表現を多
く持つ。

　　したがって、主張・説得を主な目的とする、演説や講演のような硬い
話し言葉が使われる場面では、言葉の男女差はあまり出ない。

2節　男女差の事例

1　　判定詞「だ」、終助詞「よ」、「か」、動詞命令形、等が文末に現れて、
　　話し手の強い主張を表したり、相手の動作や応答を強要する場合は、男
　　性的な表現になる。女性的な表現では、このような強い主張や、強制的
　　な表現は避けられる。

2　　相手に何かを主張する表現、相手に回答を求める表現では、判定詞

「だ」を省略すると女性的表現になる。

(1)　君は女だ。(男性的表現)：あなたは女よ。(女性的表現)

(2)　これは何だ。(男性的表現)：これ何。(女性的表現)

3　「よ」を述語の普通体 (Ⅴ部 1 章 2 節参照) に付けると男性的表現になる。

(3)　これ、ちょっと辛いよ。

(4)　様子が変だよ。

(5)　僕は、学生だよ。

ただし、判定詞「だ」、ナ形容詞の基本形の語尾「だ」を省略したものに「よ」を付けた言い方は、女性的表現になる。

(6)　様子が変よ。

(7)　私、学生よ。

4　命令形、明示的な禁止の形 (Ⅲ部 6 章 3 節、4 節参照) は男性的表現になる。

(8)　こっちへ来い。

(9)　そんなことするな。

相手に動作を求めたりする場合、女性的表現では、依頼の表現を使う。

(10)　こっちへ来て下さる。(女性的表現)

(11)　これ読んで。(中立的)

ただし、依頼の表現でも、「〜てくれ」、「〜てもらいたい」のような命令に近い意味あいを持つものは男性的表現になる。

5　普通体に「か」(「か＋よ」に由来する「かい」という表現もある) を付けた真偽疑問文 (Ⅲ部 7 章 2 節、3 節参照) は、男性的表現になる。真偽疑問の形を取る依頼の表現 (Ⅲ部 6 章 5 節参照) も、「か」を用いると男性的表現になる。

(12)　君、明日のパーティー出席するか。

(13)　これは、君のかい。

(14)　ちょっと、そこの本取ってくれないか。

「か（い）」を省略し、上昇イントネーションを用いる表現を使うと、中立的表現になる。

(15)　明日のパーティー出席する？

(16)　ちょっと、そこの本取ってくれない？

「の」を含む疑問文では、「のか」、「のだ」（「のだよ」に由来する「のだい」の形もある）の形は、男性的表現になる。

(17)　君もその本買ったのか。

(18)　これ、誰が書いたんだ（い）。

女性的表現では、「か」、「だ」を省略する。

(19)　あなたもその本買ったの？

(20)　これ、誰が書いたの？

6　強い主張を表す「ぞ」、相手に対する一方的宣言を表す「ぜ」は、男性的表現に限って用いられる。

(21)　こんな調子では、試験に落ちるぞ。

(22)　俺は待ってるぜ。

7　「わ」は、自分の感情や、ある事柄に対する自分の印象を独り言のようにして相手に伝える表現であり、主に女性的表現として用いられる。

(23)　困ったわ。

(24)　変な人がいるわ。

〈注1〉　「だ」、「よ」のように、普通は男性的表現として使われるものでも、「だわ」、「わよ」のような組み合わせでは、女性的表現として用いることができる。これは、「わ」を加えることで、自分の印象に過ぎないという意味あいが出るため、相手に対する強い主張を弱めることができるという点に起因するものと考えられる。

(イ)　変だわ。

(ロ)　美智子、行くわよ。

8　「おい」、「こら」のように、強圧的に相手の注意を促す感動詞は、男性的表現になる。これに対して、「あら」、「まあ」のような、眼前の事態に

対する驚きを表す感動詞は女性的表現になる。

3節　文体と男女差

1　原則として、言葉の男女差は、普通体やぞんざいな文体ではっきりと現れ、丁寧な文体や堅い表現はそれほど明確な区別はなくなる。これは、男女差のはっきりした表現が、相手に対する主張や要求をはっきりさせるか否か、自分の感情を相手に示すか否か等、目下のものに対する要求や親しい間柄での感情の表現に関係しているからである。

2　一般に、敬語表現（V部1章参照）を多く用いると、より女性的な表現になり、場合によっては役割語的な文体になる（本章4節参照）。

(25)　田中さんも、いらっしゃいます。

(26)　明日の父兄会出て下さる？

(27)　そんなこと申しました？

3　話し手・聞き手を表す表現のうち、「俺」、「ぼく」、「おいら」、「わし」、「おまえ」、「君」は、男性が主に用い、「あたし」は、女性が用いることが多い。「わたし」、「わたくし」、「あなた」、「あんた」、「おたく（さま）」、「そちら（さま）」は、男女とも用いる。

4　「女性語」「男性語」は現在では役割語の一種として見ることもできる（4節参照）。

4節　役割語、キャラ語

1　日本語にはそれを聞いただけで話している人の職業、年齢、社会的地位、等を特定できる表現形式がある。これらの形式は実際の人物の職業、年齢等に特徴的な言語形式というより、小説、マンガ、演劇などの創作物での役割を作品中で明示化する機能を果たすため、役割語と名付けられた（金水（2023a, b）参照）。

　　また、マンガやアニメなどでは特定の性格を表現するため特殊なスタイルを用いることがある。そのような性格はキャラクター（キャラ）と

呼ばれる。特殊な終助詞などを使ったり、場合によっては終助詞のあとに現実には使用されない文末形式や文末助詞を使ったりする。これはキャラ語尾、キャラ助詞と名付けられている（定延（2007、2011）参照）。このような性格を表す言語表現をここではキャラ語と呼ぶ。

2　役割語はある種のステレオタイプを表すものと考えることができるが、実際には使用されない人工的な言語使用であることも多々ある。例えば、「博士語」と名付けられたスタイルは、研究者、教授などが話すスタイルとしてマンガなどでしばしば使用されてきたが、実際にそのような人間が存在するわけではなく、博士号を取ったからと言って突然そのような話し方をするわけではない。

　　（28）　わしはお茶の水博士じゃ。

3　役割語には、（29）のような「侍言葉」、（30）のような「お嬢さま言葉」、（31）のような「上司言葉」、などがある。3 節までで見た女性語もステレオタイプ化されて使われる場合は役割語ということができる（金水（2023a, b）参照）。

　　（29）　拙者は宮城新之助と申す。

　　（30）　私、そんなこと知らなくてよ。

　　（31）　君、この資料を明日までにまとめて来てくれたまえ。

4　日本語では、通常、終助詞のあとにはなにも要素を付け加えることはできないが、マンガやアニメなどでは特殊なキャラ助詞と呼ばれる要素を付け加えることがある。（32）の「でおじゃる」は「である」の特殊な変異形であり、キャラ語尾である。（33）は、「ある」の基本形と疑問助詞の「か」の間に付いている。（34）は、終助詞「よ」のあとに現れており、普通の日本語の形式から外れていると言える。

　　（32）　マロの言う通りにすれば、かならずうまくいくでおじゃる。

　　（33）　我輩、そんなに価値があるなりか。

　　（34）　うそだよぴょーん。

5　キャラ語尾、キャラ助詞もある種の役割語的性質を持つ場合もある

が、必ずしもステレオタイプ化したものではなく、新しいキャラクター
に対し新しいスタイルを創造したものと言える。

〈参考文献〉

井出祥子・マグロイン花岡直美編 *Aspects of Japanese Women's Language*（1990、くろし
　　お出版）

金水敏『ヴァーチャル日本語：役割語の謎』（2023a、岩波現代文庫 学術 466）

金水敏『コレモ日本語アルカ』（2023b、岩波現代文庫 学術 467）

国広哲弥編『日英語比較講座5巻　文化と社会』4章（1982、大修館書店）

定延利之「キャラ助詞が現れる環境」金水敏編『役割語研究の地平』（2007、くろしお
　　出版）

定延利之『日本語社会：のぞきキャラくり』（2011、三省堂）

練習問題

第II部　語

〔1〕「愛する」、「信じる」、「反する」等の漢字1字からなる漢語動詞の活用は、語によってそれぞれ多少異なる。漢字1字からなる漢語動詞を集め、活用がそれぞれどうなるかを調べ、分類しなさい。

〔2〕本書の記述に基づいて、次の複合動詞が統語的なものか語彙的なものかを考えなさい。
- （イ）　夜おそくまで<u>話し込む</u>。
- （ロ）　3日で論文を<u>書き上げる</u>。
- （ハ）　30キロを<u>走り抜く</u>。
- （ニ）　そんなことで<u>騒ぎ立てる</u>のは大人げない。
- （ホ）　いくら読んでも<u>読み足りない</u>ような気がする。
- （ヘ）　この2つを<u>読み比べる</u>と、作者の力量の違いがわかる。
- （ト）　明け方まで<u>語り明かした</u>。

〔3〕「学校というもの」と「学校というところ」の用法の違いを表す例文を実例から探しなさい。

〔4〕「山田は息子に自分の部屋で勉強させた。」のように、「自分」は、主節の主語である「山田」を指すことも従属する使役節の主語である「息子」を指すこともできる。このとき以下の二つの一般化のうちどちらが妥当か、例を用いて検討しなさい。
- （イ）　「自分」は文の主語を指すことができる。
- （ロ）　「自分」は動詞の動作主を指すことができる。

〔5〕次の例のうちどれが接続助詞の「の」で、どれが判定詞の「の」であると考えられるかを述べなさい。次に、これらの例に基づいて、本書で述べられている接続助詞の「の」と判定詞連体形の「の」との判別法以外にどのような判別法があるかを考えなさい。

 （イ） 私が通っていた学校の門

 （ロ） 私が学生の頃

 （ハ） 幼い子供の心

 （ニ） 壊れかけのテレビ

 （ホ） これと同種類の事件

 （ヘ） 彼に反対の人

 （ト） 来月完成の建物

 （チ） ここでお降りの方はボタンでお知らせ下さい。

 （リ） 一番最後の問題

〔6〕次の｜｜の中から適当なものを選び、なぜそれが適当であるかを副詞の分類という観点から説明しなさい。

 この本は｜たくさん／ちっとも／ちょっと／とても｜高いです。

〔7〕「あまり」は、主節では否定の副詞と呼応するために「この本はあまり高いです。」とは言えないが、ある種の接続節中では否定を伴わなくても使うことができる。「あまり」が否定と呼応しないで使える接続節にはどのようなものがあるかを考えなさい。また、それがなぜかを「あまり」の意味から考察しなさい。

〔8〕次の例が示すように、ナ形容詞は程度副詞で修飾できるのに対して、名詞の多くは程度副詞で修飾することができず、程度を示すためには形容詞による修飾が用いられる。

 （イ） とても変だ。

（ロ）＊とても病気だ。（→とても重い病気だ。）

　しかし、「良質」は、「とても良質の水」のように、「の」という形が使われる点では名詞と考えられるのに、程度副詞によって修飾することができる。述語として用いられる名詞をこのような観点から分類しなさい。

〔9〕小説等から、接続助詞等で接続された複文を捜し出し、対応する接続表現を用いて2つの文にしなさい。また、この逆の操作も試みなさい。

　（例）日本の大学は入学するのが難しいのに対して、アメリカの大学は卒業するのが難しい。

　　　→日本の大学は入学するのが難しい。これに対して、アメリカの大学は卒業するのが難しい。

〔10〕接続表現のうち、「が」に対する「ですが」のように、丁寧形を持つものを挙げなさい。

第Ⅲ部　単文

〔1〕述語の修飾表現には、述語を修飾すると同時に、ガ格、ヲ格のどちらか、あるいはその両方と関係を結ぶものがある（前者を「ガ格志向性副詞」、後者を「ヲ格志向性副詞」と呼ぶことにしよう）。述語の修飾表現を、この観点から分類しなさい。

　（例1）　鈴木は［走りながら］山田を追いかけた。

　　　　　［ガ格のみ：鈴木が走る］

　（例2）　私は鈴木を［責任者として］非難した。

　　　　　［ガ格、ヲ格どちらでもよい：責任者＝私または鈴木］

〔2〕ニ格は普通、（イ）のように、述語の修飾表現と関係を結ぶことはな

いが、（ロ）のような例では、ニ格が述語の修飾語と関係を結んでいる。
（イ）のニ格と（ロ）のニ格の違いを考えなさい。

　　（イ）　私は山田に責任者として注意した。［山田≠責任者］
　　（ロ）　田中は、妹に自分の代理として会議に出席してもらった。
　　　　　　［妹＝自分の代理］

〔3〕格助詞の「が」・「を」とその他の格助詞とは、様々な面で違いがある。
　　どのように違うかをまとめなさい。

〔4〕デ格にはいろいろな用法があるが、その多くはデが付く名詞の性質と、
　　デ格が関係する述語の性質によって決まる。デ格の用法をこの2つの観
　　点から考察しなさい。さらに、同じことを他の格についても調べてみな
　　さい。

〔5〕次の「へえ…の」と「えっ…って」の使い方に基づいて、必須の格と
　　必須でない格の見分け方を考えなさい。
　　（イ）　甲：僕、あのパソコン買ったよ。
　　　　　　乙1：　へえ、どこで買ったの。
　　　　　　乙2：?えっ、どこで買ったって。
　　（ロ）　甲：僕、買ったよ。
　　　　　　乙1：?へえ、何を買ったの。
　　　　　　乙2：　えっ、何を買ったって。

〔6〕「たずねる」のように、意味の違いによって格の配列型が異なる述語
　　を10個挙げ、それぞれ意味の違いが格の配列にどのように関係してい
　　るかを考察しなさい。

〔7〕「田中さん｛と／に｝会う」のように、ほぼ同じ意味で2つ以上の格配

列を取り得る動詞を 10 個挙げ、それぞれどのような構文的・意味的違いがあるかを考えなさい。

〔8〕「私は彼のことが好きです。」のように、補足語に「こと」を取る述語を集めて、その共通の性質を調べなさい。

〔9〕同じ自動詞でも、「そんなところにいられては困る」の「いる」のように間接受動表現で使えるものと、「窓に開かれて困った」の「開く」のように使えないものがある。「いる」の類と「開く」の類の違いを考えなさい。

〔10〕「にとって」、「に関して」のような、動詞テ形を含む格助詞相当句には、「にとりまして」、「に関しまして」のように、対応する丁寧形を持つものがある。どの格助詞相当句が丁寧形を持つか調べなさい。

〔11〕「に関して」は「に関する」という名詞修飾の形式を持っているが、「にとって」はこのような形式を持たず、名詞修飾には「にとっての」のように、「の」を付けなければならない。この観点から格助詞相当句を分類しなさい。

〔12〕「小さいセーター」は「セーターの小さいの」という言い方もできる。このような言い換えが可能な場合とそうでない場合とを比べ、2つの言い方の違いを考えなさい。

〔13〕次の文において、提題の「は」が「って」で置き換えられるかどうかを調べ、「は」と「って」の使い方の違いを考察しなさい。
　　（イ）　山田さんは、変な人だね。
　　（ロ）　山田さんは、そこにいるよ。

（ハ）　山田さんは、10月生まれだよ。

（ニ）　山田さんは、東京に行ったよ。

（ホ）　山田さんは、君の友達だろう？

〔14〕概言のモダリティを表す表現（助動詞等）には、疑問の形を取れるものと取れないものがある。どの表現が疑問の形を取れ、どの表現が取れないかを調べなさい。さらに、その理由についても考えなさい。

〔15〕普通は「用意をする」と言い、「用意がする」とは言わない。（イ）の文で「用意をしてない」ではなく、「用意がしてない」となっているのはなぜかを考えなさい。

（イ）　食事の用意がしてないから、どこかで食べて行こう。

第Ⅳ部　複文

〔1〕（イ）と（ロ）の文が不適切である理由を説明しなさい。

（イ）　私は神戸に着いた時、山田はまだ来ていませんでした。

（ロ）　福岡はよいところですよ。私がひまな時、いつも帰ります。

　次に、その説明によって（ハ）（ニ）の違いが説明できるか検討しなさい。

（ハ）　山田は神戸にいる間に分からないことを聞いた。

（ニ）　山田が神戸にいる間に分からないことを聞いた。

〔2〕時間を表す副詞節の中には、事態の起こった時間、期間を明示できないものがある。それはどの副詞節だろうか。なぜ明示できないかも考えなさい。

〔3〕次の文において、（イ）では「は」が適切で、（ロ）では「は」と「が」

のどちらも適切である。その理由を説明しなさい。

（イ）　博多（　）よいところだから、遊びに来て下さい。

（ロ）　博多（　）近いから、便利です。

〔4〕次の例のように、似通った語句でも、節を接続する際に「こと」や「の」のような形式名詞が要るものと要らないものがある。前者は格助詞相当句、後者は従属接続助詞相当句とみなすことができる。同様の例を集めなさい。

（イ）　人口が増えることによって、地域が活性化します。

（ロ）　年齢が高くなるにつれて、物覚えが悪くなります。

〔5〕「かわりに」は、「の」を伴って格助詞相当句として、節を伴って従属接続助詞相当句として、単独で副詞的に、というように3通りの使い方ができる。それぞれの形式名詞について、このうちのどの用法があるかを調べなさい。

（イ）　山田のかわりに出席した。（格助詞相当句）

（ロ）　英語を勉強するかわりに中国語を勉強した。（従属接続助詞相当句）

（ハ）　かわりに、私が出席した。（副詞相当）

〔6〕従属節の代用形は、次のように様々な形式を取る。

（イ）　英語を勉強するかわりに、中国語を勉強した。

　　　　→英語は勉強しなかった。そのかわりに中国語を勉強した。

（ロ）　山田は東京へ行ったきり、帰って来なかった。

　　　　→山田は東京へ行った。それっきり、帰って来なかった。

（ハ）　僕は山田は行かないと思う。君もそう思わないか。

補足節、副詞節、連体節に関して、各形式がどのような代用形を取るかを調べなさい。

第Ⅴ部 敬語とスタイル

〔1〕「お書きだ」、「ご研究だ」の形式は、様々なテンス・アスペクトの形の代用として用いられる。どのような形の代用として使えるかを考えなさい。

〔2〕「お〜する」の形式が、動作の受け手に対する話し手の敬意を表すというだけのことなら、「うちの犬が先生にお会いした」や「山田は先生をお殴りした」という表現も成り立つはずであるが、実際には成り立たない。その理由を考えなさい。

〔3〕本書での男性語・女性語の記述は、言語意識の記述に近い。つまり、我々が男性的・女性的と意識している話し方の記述であり、実際の言語生活では、必ずしもこのような話し方をしているわけではない。小説や日常の談話等を調べて、実際の男性・女性の話し方を記述し、本書での記述と比較しなさい。

〔4〕日本語の人称を表す語を役割語、キャラ語の観点から分析しなさい。

〔5〕藤子・F・不二雄のマンガ『キテレツ大百科』に出てくるコロ助のキャラ語尾である「なり」は終助詞でも、語尾でもない、非常に特殊な振舞いをする。その文法的性質を分析しなさい。

語彙索引

事項索引

著者紹介

益岡隆志（ますおか・たかし）

1950年岡山県生まれ。大阪外国語大学外国語学部英語学科卒業、同大学院外国語学研究科修了。博士（文学）。神戸市外国語大学名誉教授。著書に『命題の文法—日本語文法序説—』くろしお出版1987年、『モダリティの文法』くろしお出版1991年、『24週日本語文法ツアー』くろしお出版1993年、『複文』くろしお出版1997年、『日本語文法の諸相』くろしお出版2000年、『三上文法から寺村文法へ』くろしお出版2003年、『日本語モダリティ探究』くろしお出版2007年、『日本語構文意味論』くろしお出版2013年、『日本語文論要綱—叙述の類型の観点から—』くろしお出版2021年、など

田窪行則（たくぼ・ゆきのり）

1950年岡山県生まれ。京都大学文学部言語学科卒業、同大学院文学研究科博士後期課程単位取得退学。博士（文学）。現在、京都大学名誉教授、国立国語研究所名誉教授および客員教授。著書に『日本語の構造—推論と知識管理—』くろしお出版2010年、『岩波講座 言語の科学〈1〉言語の科学入門』『岩波講座 言語の科学〈2〉音声』『岩波講座 言語の科学〈6〉生成文法』『岩波講座 言語の科学〈7〉談話と文脈』共著、岩波書店1997〜1999年、*Handbook of Japanese Semantics and Pragmatics*（共編）、De Gruyter Mouton 2020年、*The Theory and Practice of Language Faculty Science*（共編）、De Gruyter Mouton 2022年、など

基礎日本語文法 第3版

1989年 9 月 20 日　初版第 1 刷発行
1992年 5 月 25 日　改訂版第 1 刷発行
2024年 3 月 25 日　第 3 版第 1 刷発行

著　者　　益岡隆志・田窪行則

発行人　　岡野秀夫

発　行　　株式会社　くろしお出版
　　　　　〒102-0084　東京都千代田区二番町4-3
　　　　　TEL：03-6261-2867　FAX：03-6261-2879　WEB：www.9640.jp

装　丁　　折原カズヒロ

印刷所　　シナノ書籍印刷株式会社

©MASUOKA Takashi and TAKUBO Yukinori 1989, 1992, 2024, Printed in Japan
ISBN 978-4-87424-970-3　C3081